达县石桥中学高中新课程学分管理的实践与研究

黎 军◎著

中国国际广播出版社

图书在版编目（CIP）数据

达县石桥中学高中新课程学分管理的实践与研究 / 黎军著 .—北京：中国国际广播出版社，2020.7

ISBN 978-7-5078-4703-1

Ⅰ . ①达… Ⅱ . ①黎… Ⅲ . ①高中—学分制—教学管理—研究—四川 Ⅳ . ① G632.471

中国版本图书馆 CIP 数据核字（2020）第 116528 号

达县石桥中学高中新课程学分管理的实践与研究

著　　者	黎　军
责任编辑	张娟平
装帧设计	有　森
校　　对	吴光利

出版发行	中国国际广播出版社 ［010-83139469　010-83139489（传真）］
社　　址	北京市西城区天宁寺前街 2 号北院 A 座一层
	邮编：100055
印　　刷	廊坊市海涛印刷有限公司

开　　本	700×1000　1/16
字　　数	264 千字
印　　张	15.75
版　　次	2020 年 7 月　北京第 1 版
印　　次	2020 年 7 月　第 1 次印刷
定　　价	48.00 元

版权所有　盗版必究

目 录

第一部分　课题综述

《达县石桥中学高中新课程学分管理的实践与研究》研究报告 …………… 2
《达县石桥中学高中新课程学分管理的实践与研究》工作报告 …………… 20
《达县石桥中学高中新课程学分管理的实践与研究》研究方案 …………… 42
《达县石桥中学高中新课程学分管理的实践与研究》开题报告 …………… 53
《达县石桥中学高中新课程学分管理的实践与研究》课题中期报告 ……… 61

第二部分　三个阶段

第一阶段：材料 …………………………………………………………………… 74
　　达县石桥中学学科学分管理方案（第一稿，学分管理方案的雏形）…… 74
　　高中实行学分管理的问卷调查 ……………………………………………… 122
　　必须大力推行学分管理问卷调查分析 ……………………………………… 125

第二阶段：提出学科间的差异，形成学科间的共性 ………………………… 131
　　《达县石桥中学高中阶段学科学分认定实施暂行办法》
　　　　——汇聚共识的学分管理初案 ………………………………………… 131
　　附：操作量表 ………………………………………………………………… 142

第三阶段：材料 …………………………………………………………………… 158
　　达县石桥中学高中新课程模块修习学分认定与管理实施细则（讨论稿）… 158
　　各科课程标准简明解读 ……………………………………………………… 167
　　四川省普通高中课程设置方案（试行）…………………………………… 175
　　四川省普通高中学分管理办法（试行）…………………………………… 185
　　达县石桥中学高中新课程模块修习学分认定与管理实施细则（试行）… 188

附件三：第三阶段考核量表···204
四川省达县石桥中学学生综合素质评价工作实施细则（修订稿）··········229
诚信管理是学分认定的重要保障···241

第一部分 课题综述

《达县石桥中学高中新课程学分管理的实践与研究》研究报告

自 2009 年 6 月《达县石桥中学高中新课程学分管理的实践与研究》在学校立项及开题以来，笔者通过辛勤耕耘，加紧工作，悉心研究，认真实践，研究工作取得了可喜的成绩，现已圆满完成研究任务。其具体情况总结如下：

一、在现状与困惑中寻找课题研究的对象与着力点

笔者认真分析我校教师与学生的现状，面对教学管理中的困惑，决定以新课改为契机，寻找破解管理困惑的措施，以此作为本课题研究的切入点。

我省高中新课程改革实施已经一年了，学校在贯彻执行省、市、县的相关政策方面有了一定的起步，同时，笔者在校本教研管理方面进行了不懈的探索与尝试，有了不少新的发现，在优化课堂方面取得了较好的成绩。

要进一步推动课程改革，核心在课堂。课堂是教师"传道、授业、解惑"的场所，是学生获取知识的主渠道，课堂教学是学校教学工作的中心环节，课堂教学质量的好坏直接影响到教学效果，进而影响学校的社会声誉。因此，怎样管好课堂，挖掘学生在课堂学习中的潜能，实现课堂教学效率的最优化，这是目前高中新课程改革中应着重研究的问题。尽管各校都采取强有力的措施，强化课堂管理，狠抓教学质量，提高课堂效益，却始终事倍功半，收效甚微。

面对新课程，笔者深切地感受到形势发展带来的挑战。只有不断更新管理观念，勇敢地迎接挑战，为实施新课改积极创造条件。为此，笔者认真分析了我校教师、学生及教学管理的现状，直面管理中的困惑，决定以新课改为契机，对新课程下的我校高中学分管理方案的制定与实施进行研究，寻找破解管理困惑的措施，扎实做好教学工作，推进我校课堂教学改革，以此作为突破口，探索出一条强教强校的新的发展道路。

二、研究价值

学分管理是新课改中综合评价学生学业成绩与记录学生学习成长的方式之一，是为适应社会发展对人才培养的需求，全面推进素质教育，贯彻执行国家课程计划和新课程标准，调整和改革课程体系，优化学生知识结构的有效举措。同时，在保证高中学生基本学业的基础上，坚持学习过程与学习结果并重的学分考核评价机制，有利于学生的发展，引导他们培养良好的学习习惯，规范他们的日常行为，使他们端正学习态度，发展自身的个性特长，从而调动他们学习的积极性和主动性，促进他们全面发展和特长发展，培养创新精神，提高创新能力与实践能力；学分管理有利于把任课教师和班主任从烦琐的课堂管理中解放出来，全身心投入课堂教学，提高课堂教学效率。

三、研究过程

（一）狠抓宣传，全员动员

开展宣传，查找课题理论资料，为研究工作营造氛围。

1. 以查找资料为开始，寻求理论支撑

课题研究需要一定的理论来支撑。为此，在开展研究工作之前，必须查找与课题相关的理论资料，笔者从学校图书馆借来刘永康和李华平编著、由高等教育出版社发行的《高中新课程的理论与实践》，从网上下载哈尔滨市孙颖老师撰写的《推进高中新课程若干问题的思考》，下载《高中新课程，我们无悔的选择》，下发《四川省普通高中课程改革实用知识问答》等，认真学习相关理论，提高了理论水平，对学分管理有利新的认识。

2. 以狠抓宣传为契机，营造环境氛围

为了落实省、市、县关于高中新课程改革的有关精神，推进学校的发展，学校领导学校非常重视，多次召开行政会议，认真分析校情，特别是教师和学生实际的情况，统一思想，提高认识，营造氛围，为我校新课程改革的推行做了重要铺垫。

（1）学校自上而下高度重视。

达县石桥中学高中新课程学分管理的实践与研究

2009年3月26日在学校行政会议上,王校长在安排教务、教科工作时就高一新课程的实施提出要求:学校各部门要充分利用新课改的契机做好宣传动员;年级组要及时召开教师会,学习宣传四川省教育厅的相关政策;教务、教科要进驻高一年级,查找问题,收集相关信息,指导年级组开展学科课改教学。

年级组及时召开教师会。4月3日晚,按照学校工作安排,笔者主持召开高一年级全体教师会。会上,分管教务、教科的两位主任就新课改的落实提出了要求:年级组开好学生会,班主任要充分利用读报时间开好主体班会,任课教师要利用1~2节课宣讲学分管理的重要性。

(2)及时下发省市相关文件,对学科教学予以指导。

与此同时,教科室下发《四川省普通高中××学科课程标准》、《四川省普通高中学分认定办法(试行)》、《四川省普通高中××学科课程标准(实验)》的评价建议与《四川省普通高中学生综合素质评价方案》等文件,大力宣传新课程改革。

(3)2009年5月14日,学校召开行政会议,专题研究高一新课程实施过程中出现的问题,与会领导听取了教务教科两位主任的发言后,从不同角度就高一新课程实施中反映出的问题提出建议。最后,王校长在布置工作时,要求笔者就新课程学分管理制定出可供操作的方案。

通过各层面富有成效的宣传动员,从学校领导、年级组、班主任、任课教师到学生对学分管理统一了思想,提高了认识。

3. 以拟定细则为龙头,明确工作目标

在接受学校的工作后,教科室精心策划,明确目标,分解任务,着手草拟学分细则。

(1)统筹安排,查找范例。

①首先对教科室成员进行分工。要求每位成员负责四科,指导所辖学科的备课组长、教研组长拟定学分细则。

②认真收集课改先行省区部分名校关于学分管理的方案。笔者从网上下载了湖南省《长沙市一中高中新课程学分认定办法》、广东《深圳市红岭中学高中学分认定方案》、陕西省《城固一中高中新课程学分认定与管理办法》、福建省《仙游一中普通高中新课程学分认定和管理方案》、浙江省《温州中学学分管理制度方案》等。仔细研读这些学校的具体做法,研究借鉴的可行性,为指导我校学

分管理方案的制定提供参考和范例。

（2）抓好学习培训，指导细则拟定。认真组织年级组相关人员学习新课程理念。2009年9月8日晚，教科室成员、高一年级备课组长及高中各学科教研组长齐聚教科室，参加专题会。在会上，笔者学习了四川省关于新一轮课改的相关文件，介绍了改革前沿省区名校的大体做法。会后，笔者向各位参会人员下发了广州市一中、长沙市一中等学校关于新课程学分认定的方案，教科室要求各学科组长要立足学科实际，参照下发的资料和文件，利用网络特别关注广东、湖南等改革前沿省区名校的做法，多听取平行班任课教师的意见，在本学期结束前（即12月30日）必须制定出学科学分认定的方案。

（二）各方谋划，认真研讨，勾画方案

1. 多方谋划，草拟方案

从2009年9月8日教科室会议后，学科教研组和年级组相关人员迅速投入到学分方案制定的工作中，他们与任课教师一道以笔者下发的资料为参照，结合学校于学科实际，借鉴网上其他学校的经验，制定学科学分管理方案。到12月22日，经教科室汇总处理后形成了《达县石桥中学学分管理方案》（第一稿，学分管理的雏形），以下简称《方案》。该方案内容虽翔实，有一定的可操作性，但因学科特色和参照的范本不同而内容各异，无法形成统一的、指导全校的方案。

2. 充分研讨，见微知著

与此同时，从2010年1月5日至1月15日，每天下午读报时间，笔者在各班找来30名学生（成绩好、表现好的占10名；成绩一般、表现一般的占10名；成绩差、表现差的占10名）填写问卷调查表，就学分方案征求学生的意见。从2010年1月13日起到1月18日，利用晚自习，笔者组织高中各学科教研组长和学科资深教师学习《方案》，并就《方案》逐条研讨、修改与完善。

3. 初稿出炉，框架敲定

根据任课教师的建议，《达县石桥中学学分管理办法》（第一稿）仅保留了各学科的共性部分，结合学校实际，认真分析各学科的个性差异，在汇总各方意见的基础上，教科室经过艰辛努力，终于在2010年1月22日完成《达县石桥中学高中阶段学科学分认定实施暂行办法》（第二稿，又称之为汇聚共识的学分管理

办法）。它为学校最终的学分细则的制定奠定了基础，提供了蓝本。

该条例包括：机构设置，必修与选修、综合实践课程的过程管理与阶段测试，补考等内容。过程管理（30%），主要由学生的出勤（5%）、完成作业情况（10%）及课堂中的表现（15%）三部分构成；阶段测试（70%），则包括课堂测试（3%）、月考（7%）、中期考试（15%）、模块检测（35%）及学习反思（10%）五部分（六表一单）。

2010年1月24日，王校长召集学分认定委员会的全体成员，在教学东楼二楼会议室开会，征求意见，会议表决通过了《达县石桥中学高中阶段学科学分认定实施暂行办法》（第二稿）（以下简称《办法》）。

（三）研读文件，破解难题，完善方案

1. 认真研读文件，大幅度修改方案，破解管理疑难

2010年3月16日，在市教科所召开高中新课改工作会后，笔者结合学校实际，在研读上级文件的基础上，利用两周时间认真查找《办法》中存在的问题。

首先，研读文件，参悟精髓。笔者研读了《四川省普通高中课程改革实用知识问答》和市教育局下发的《达州市教育局关于普通高中学分管理的意见》（征求稿），参悟所含精髓，使自己在修改方案时做到心中有数，贯彻上级文件不走样。

其次，反复斟酌，修改方案。在研读文件的基础上，笔者比对《达县石桥中学高中阶段学科学分认定实施暂行办法》（第二稿）和《达州市教育局关于普通高中学分管理的意见》（征求稿）。以两稿的相同部分作为我校学分管理最终方案的重要内容。不同部分的处理则以省市相关文件为准；同时对我校学分条例中与市上制定的学分管理意见的不同部分的处理，坚持不与市上的管理意见相抵触的原则；对于那些与市上管理意见相抵触的内容，参照课改先行省区的做法和省市相关文件，而不是一味盲从。

再次，集思广益，反复求证。《暂行办法》在实施中出现了许多问题，如艺术、体育、技术这四门学科的作业无法量化的问题，理化生及通用技术四学科实验操作的量化问题及与其他学科学分比例的认定问题等。对此，笔者与年级组开展了专题研究，并与相应学科教研组、部分教师共商对策，化解矛盾。于3月26日出台了《达县石桥中学高中新课程模块修习学分认定与管理实施细则（讨论稿）》（以下简称讨论稿），并修改了量表。考核标准虽然制定了，它们是否能够有效考

核学生在出勤、课堂学习、作业完成及社会实践活动等方面的表现，给学生一个客观、公正、公平的评判呢？答案只有一个，那就是必须结合实际，在实践中不断修改完善细则、量表及标准。因此，为使它们反映实际，笔者把学生学习的过程划分为出勤、课堂表现、作业完成及社会实践活动四块，逐块实验、教学量化考核，每次开展的探究活动都要进行评议，根据评议结果修改量表与考核标准，择机进行第二次异班考核论证。在反复实践的基础上，先总结经验教训，再返回实践，在实践中检验和完善。

　　多方求助，破解难题。在修改过程中笔者面对难题，多方求助，有的是电话咨询省、市、县教育主管部门后才化解疑难的，如怎样区分市教育局的意见征求稿中的"三.2""学业水平测试"与省上的"学业水平考试"？。通过电话咨询省教育厅、市教育局，同时查找相关文件，笔者才知道省上的"学业水平考试"相当于课改前的会考，而市级学分管理意见中的"学业水平测试"则指的是每个模块学完后，学校组织的考试；有的是在运用中解决的，如模块测试的补考问题；有的难题，头天解决了，但在征求部分任课教师意见后，又被老师们推翻了，只好从头来。如在制定学习过程性表现时，由于数学、政治、历史、地理这四科没有"听说能力和实验操作测试"这一栏；而音、体、美及信息技术这四科因学科特点无法对其进行"作业质量含作业完成的次数和质量"的考核，如何解决这一矛盾，寻求一个兼顾各门学科的方案呢？笔者挖空心思，想了一个又一个方案，花了四天时间，才最终形成。

　　"苦心人，天不负，卧薪尝胆，三千越甲可吞吴。"经过全组成员的共同努力，以《讨论稿》为基础，不断修改各块内容，到5月27日，达县石桥中学的学分管理才尘埃落地，最终形成的《达县石桥中学高中新课程模块修习学分认定与管理实施细则（试行）》和《达县石桥中学学生综合素质评价工作实施细则（修订稿）》经学校教代会通过予以执行。此后学分管理进入了运用阶段，为年级的管理、学生行为习惯的养成和学校教育教学质量的提升起到了保驾护航的作用。

2. 全面思考，推行诚信管理，完善方案

　　由于学分管理的落实涉及学校部分处室、年级组、班主任、任课教师、学生及学生家长，同时也为使过程管理客观公正、公平，使学生经过阶段努力获得的学分得到各方认同，笔者在组织拟订、完善学分管理方案的同时，结合我校实际，制定了与之配套的《达县石桥中学高中新课程管理学分认定与管理诚信制度》《达

达县石桥中学高中新课程学分管理的实践与研究

县石桥中学任课教师或指导教师新课程管理诚信承诺书》和《达县石桥中学高中学生参加新课程修习诚信承诺书》。在每届高一开学时，年级组组织任课教师学习《达县石桥中学高中新课程管理学分认定与管理诚信制度》，并粘贴在年级组办公室和各班教室；所有任课教师与年级组组长签订《达县石桥中学任课教师或指导教师新课程管理诚信承诺书》，所有学生与自己的班主任签订《达县石桥中学高中学生参加新课程修习诚信承诺书》，交学校档案室存档。学校及家长则负责监督，通过这些措施，使各方密切配合，共同参与学分的管理，推动了新课改的顺利进行。

（四）三管齐下，落实方案

1. 加大宣传，以利落实

（1）强调实施学分管理的必要性。

①提高学生的素质。在学分管理下，绝大多数学生能够做到按时出勤，避免或减少自己的迟到、早退、旷课；在课堂学习中，能够自觉遵守课堂纪律，积极参与课堂讨论；课后能够按时、按质、按量完成作业；新课改的推行调动了学生学习的积极性，增强学习的主动性，提高了学生的综合素质。

②方便教师的教学。对于任课老师来说，实施学分管理，就是把课堂管理的主动权交给老师，让老师对学生的出勤和课堂参与进行考核，掌控课堂秩序；从传统管理中解放出来，集中精力为学生释疑解惑，提高课堂教学效率。

③规范学生的档案。按照四川省人民政府和省教育厅的相关规定，普通高中学生在每期应有相应学科模块的学分记录，它既要上报省教育厅学籍管理平台，还要装入学生的成长记录袋，作为学生的高中档案，待学生高中毕业后，由县招办将这些资料被送入学生就读的大学。

（2）宣讲实施学分管理的重要影响。

学分管理是新课改中综合评价学生学业成绩与记录学生成长的方式，是适应社会发展对人才培养的需求、全面推进素质教育、贯彻执行国家课程计划和新课程标准、调整和改革课程体系、优化学生知识结构的有效举措。同时，在保证学生基本学业的基础上，坚持学习过程与学习结果并重的考核机制，有利于调动学生学习的积极性与主动性，培养学生的学习习惯，规范学生的日常行为，改善学生的学习态度，满足个性化发展的需求，培养学生的创新精神和实践能力；学分管理有利于把任课教师和班主任从烦琐的课堂管理中解放出来，全身心投入课堂教学，利于提高课堂教学效率。

2. 开展培训，强化指导

2010年6月10日，王校长签发四川省达县石桥中学关于高中各年级落实《达县石桥中学高中新课程模块修习学分认定与管理实施细则》(试行)和《四川省达县石桥中学学生综合素质评价工作实施细则(修订稿)》(达石中〔2009〕47号)文件。要求学分认定管理委员会、高一年级组及全体教师必须认真执行。

教科室下发《达县石桥中学任课教师或指导教师新课程管理诚信承诺书》，要求高一年级所有教师签订承诺书。

教科室下发《四川省普通高中课程改革资料汇编》、《四川省普通高中课程改革实用知识问答》和《达县石桥中学高中新课程管理学分认定与管理诚信制度》到年级组，要求年级组组织教师认真学习。

3. 各种表册的具体操作

（1）四川省达县石桥中学《高中学科模块修习过程管理日志》。共5页，每月一册，以周为单位，任课教师按照填表说明操作即可。此表是期末评定学生学段成绩和学分认定的重要资料。

（2）四川省达县石桥中学《高中学科模块修习过程管理日志记录依据表》。此表作为《高中学科模块修习过程管理日志》的副表，共5页，每月一册，以周为单位，任课教师按照填表说明操作即可。每期期末由任课教师签字后交年级组盖章，再由年级组交教务处存档。

（3）《达县石桥中学高中学科模块修习过程性管理统计表》、《达县石桥中学高级第（）学期修习过程性评价统计表》与《四川省达县石桥中学高级班第（）学期各科模块修习成绩认定表》。前两表与后表配套使用，是认定学生学期成绩和学分的重要依据。其填写分四步：

第一步，每学期结束时，在任课教师的指导下，各班学习委员对《高中学科模块修习过程管理日志》进行分类统计后，交任课教师核对并签字，由任课教师交各班班主任。

第二步，各班班主任再将各学科的情况汇总后与模块考试的折算成绩相加，算出得分，并填写《四川省达县石桥中学高（）级（）班第（）学期各科模块修习成绩认定表》。如果得分超过60分，对照学分管理细则，记该学科相应的学分；如果得分不到60分，则不记学分，学生必须参加补考，补考的折算成绩加过程管理中学生的成绩达到或超过60分的，记相应学分；不到60分的，必须补修。班主任填写后将表交年级组。

第三步，年级组对本年级学生的学分情况进行汇总，将结果和统计表交达县石桥中学学分管理委员会审核。

第四步，达县石桥中学学分管理委员会审核后，加盖公章，在学校张榜公示。

（4）公示期满后，教科室下发《达县石桥中学学分认定申请表》及《达县石桥中学高（ ）级学生第（ ）学期修习学分认定评价表》。该表的填写分四步：

第一步，在班主任的指导下，学生将各学科的相关数据填入《达县石桥中学高级学生第（ ）学期修习学分认定表》，召开学习小组会议，组织填写《达县石桥中学高级学生第（ ）学期模块修习成绩认定表》中的学生自评和同学互评。

第二步，在学生评价的基础上，任课教师在"任课教师评价"栏内填写并签字，上交年级组。

第三步，年级组将收到表册按照类别—学科—班级进行整理，交学校教科室。

第四步，教科室组织学校学分认定委员会工作执行小组加盖公章，对不予认定的学生公示，学生无异议，一周后年级组组织补考。教科室将所有学生的这两表交学校学籍管理员装入学校档案室。

（5）年级组学分认定工作组组织各班填写《达县石桥中学高级学生第（ ）学期模块修习成绩认定告家长通知单》，相关处室加盖公章后，由班主任寄往学生家庭。

（6）达县石桥中学高中学生第（ ）学年《（研究性学习、社区服务、社会实践）活动记录表》与达县石桥中学高中学生第（ ）学年《（研究性学习、社区服务、社会实践）活动考核登记表》。此两表配套使用，由专人填写，每次开展活动的相关资料记录在相应的表中，活动结束后由相应处室加盖公章。每学年结束时，此两表交年级组，作为认定学分的重要依据。

（7）《达县石桥中学高（ ）级学生高中阶段学分认定总表》，此表由学校档案员填写。作为电子档案，是查找学生学分信息的直接依据。

4. 关于补考

按照省、市、县教育主管部门的学分管理规定：凡在模块修习中学分未达到规定要求的学生必须参加补考。补考由学校教务处统一制卷、安排监考和改卷，试题难易适度。统分结束后，公示合格人员名单。

5. 奖罚并举，规范管理

（1）把过程性评价纳入教师业务管理。学校要求高中课改年级的任课教师必须填好《高中学科模块修习过程管理日志》及《高中学科模块修习过程管理日志记录依据表》，并交学生代表签字；学校在听随堂课或公开课时要检查教师是否填写此表；在批改作业时，任课教师必须对学生的作业做出等级评价，教科室在每学期例行检查教师备课与作业批改时，对课改年级的教师检查的重点放在查看是否填写《高中学科模块修习过程管理日志记录依据表》和对作业的等级评价，检查的结果当月公示，作为评优、评先及绩效考核的重要依据。

（2）政策支持。学校规定，教师在教科室组织的作业检查中被评为优秀的，在评优、评先推荐中，每次享有优先推进和单独加2分的权利。

四、研究取得的成果

（一）理论认识成果

经过两年多的管理实践，课题组认为，高中新课改的管理及实施可以概括为"一个中心，两条主线"。

"一个中心"：即"坚持以学生的发展为中心"。它体现了高中新课程改革的实质。在高中新课程改革中，无论是课程设置、过程管理还是对学生综合素质的评价等都始终要围绕这个中心。

"两条主线"：即落实新课改的要求，在常规教育教学管理中，要抓好两条主线，一是学生综合素质评价；二是学生在各领域的修习状况及学分认定。其中，抓好学生综合素质评价，其实质主要是考察学生的思想素质，要求班主任和任课教师在平常的教育教学中要关注学生的思想动态；抓好学生在各领域的修习状况及学分认定，其实质主要是抓好、管好、用好课堂，让任课教师更新课堂教学观和教育价值观，促进师生之间的共同发展。

（二）实践操作成果

制定了一系列操作性强的可行性措施：经过两年多的实践，笔者认真领会省、市相关文件，参照外省课改先行地区部分学校经验，结合学校实际，经历了制定—

达县石桥中学高中新课程学分管理的实践与研究

实践—修改—再实践的艰难探索，提炼并总结出了以下操作性较强的措施。

1. 制定了相关实施细则

（1）《达县石桥中学高中新课程模块修习学分认定与管理实施细则（试行）》

（2）《四川省达县石桥中学学生综合素质评价工作实施细则（修订稿）》

2. 完善了相关表册

（1）高中学科模块过程管理

①高中学科模块修习过程管理日志（（此表为主表，一个月一本，由任课教师根据《达县石桥中学高中新课程模块修习学分认定与管理实施细则（试行）》填写，以此评定学生的模块成绩及对学生的学分认定）。

②高中学科模块修习过程管理日志记录依据表（此表为副表，一个月一本，由任课教师填写，主要用于查询显示在模块学习中扣分或加分原因，每月结束任课教师教学校档案室存档）。

③高中学科模块修习过程性管理统计表（每学期结束时汇总）。

④___年四川省达县石桥中学高___级第___学期修习过程性管理评价统计表。

（2）模块成绩

①达县石桥中学高___级学生第___学期模块修习成绩认定表

②达县石桥中学高___级学生第___学年模块修习成绩报告单

（3）学分认定

①达县石桥中学高中学分认定申请表（样表）

②___年四川省达县石桥中学高___级___班第___学期修习学分认定表

③达县石桥中学高___级学生第___学期修习成绩认定告家长通知单

（4）综合实践活动评价

①达县石桥中学高___中学生第___学年（研究性学习、社会实践活动、社区服务）活动记录表

②达县石桥中学高___中学生第___学年（研究性学习、社区服务、社会实践）活动考核表

（5）达县石桥中学高___级学生高中阶段学分认定总表

3. 研究成果的推广

由于我校在推行新课程中谋划早、起步早，在其他学校还处于宣传阶段的时候，我校的学分管理细则就已经制定并展开实施。2010年10月市教科所唐川主任等一行四人到我校检查课改实施情况时，专门听取了笔者和高中课改年级各学科备课组长就新课改实施中的存在问题提出的建议。在全市新课改总结会上，成所长介绍了我校在学分管理方面的做法，达州市教科所还在其官网上对我校的学分管理做了报道。2011年3月，在县教育局组织召开的全县高中新课改专题分析会上，笔者向与会的各高中分管领导介绍了我校学分管理的经验与做法。2011年3月20日，由杜明勇校长率领的达县第二中学行政班子和高一年级各学科备课组长到我校学习学分管理及操作经验。达县中学、达县第三中学、达县第四中学、麻柳中学、渠县二中、蒲家中学、达一中等学校派人或打电话到我校咨询或索要方案的电子文档。

4. 在细则实施后，课改年级的教育教学收到的实际效果

（1）老师、学生及绝大多数家长认识到了学分管理的重要性。学校建立了对老师及学生的新的评价机制，任课教师改变了传统的教学观念，积极主动参与课堂管理；学生认识到了学分的重要性，自觉按照学分管理的要求规范行为，按时出勤，遵守课堂纪律，认真听讲，积极思考老师提出的问题，主动参与课堂讨论，师生共同营造和谐的课堂学习氛围；通过宣传，许多家长提高了认识，主动找班主任了解学生的在校表现，共同参与班级管理。

（2）经过学校上下各层面长期的宣传和新课改的教学实践，我校高中课改年级的管理工作有序推进，学生面貌发生了较大变化，较之于以往，打架斗殴的现象没有了；上课迟到、旷课、早退、请假的人明显减少了；课堂好管了，上课打瞌睡、看小说、说闲话、玩手机等违纪行为少了；同学们积极完成老师布置的作业；考风端正了，考场作弊和提前交卷的现象被杜绝了。一年来，学校满意，老师们满意，大家都说高一好管多了，特别是平行班，以前各届的学生课堂上总是吵吵嚷嚷的，各搞各的，现在不是这样了；许多家长非常满意，说娃娃到了高中懂事多了。

一年来，新课改的推行令学校满意、老师们满意。大家都说高一好管多了，特别是平行班，以前各届在课堂上总是吵吵嚷嚷的，学生各搞各的，现在这种现

象不存在了；许多家长非常满意，说娃娃到了高中懂事多了，学校努力了。

五、存在的问题

普通高中课程改革新增因素多，各种困难和矛盾错综复杂，因此，必须依托高校、教科所、教研室等各类专家、学者、技术骨干的力量，搭建新课程实施的技术支撑体系，为教育主管部门的决策当好参谋，对普通高中学校的课改教学实践提供全程跟踪。

两年来，在实施管理过程中，笔者虽破解了不少难题，但又遇到了一些新的困惑。有的难题我们正在解决；有的难题却非常棘手，一时还找不到破解之策，但我们没有退却，从不轻言放弃。

（一）学分过程管理的认识与落实问题

当前，许多老师认为带表册上课且按要求填写，太麻烦了。有的老师上课时经常忘记带表册。

这些问题的实质是教师们的思想认识没有到位的问题。对此，学校一方面利用行政会和年级教师会宣讲每节课带表并认真填写的重要性，把它上升到教师是否合格履职的高度；另一方面要求每天行政查课时，必须考核课改年级的教师是否带表册，对没有履职的教师要公示

（二）学分修习过程考核表的量化及细化问题

"课堂出勤""课堂参与和违纪""作业完成及语言表达"的等级要求是我们在征求任课教师和部分学生的意见后形成的，它涵盖了课堂管理的方方面面，但在执行过程中却有出入。如：学生的短期请假可以量化，长期请假又该如何量化呢？量化及细化学生作业完成情况就更复杂了。如有的交空本子，有的只抄题目，有的字迹工整，有的乱写乱划，弄得老师在量化与细化的程度上不好把握。

（三）没有完成修习学分且补考不合格的应当如何处理的问题

经过两年的宣传与课改实践，高2009级和2010级绝大部分学生完成了高一阶段各学科各模块的修习，并取得了相应的学分。然而，极少数学生由于基础太差、表现极差，经补考仍然不及格，达不到省级规定的学分要求，对这部分学生的

去留该怎么处理呢？是让他们继续补考、继续补修还是让他们留级？如果让其留级，接收年级会因其表现而拒收。如果让其补修，那么教师工作量又如何认定？

（四）学生选课与校本课之间的矛盾问题

受各方面条件的限制，我校开设的选修课程主要是艺体和校本课程，在校本课程的设置上主要体现在语文人文素养、学科专题讲座、文学艺术等方面，学生根据自己的爱好加以选择。但学生选择的结果表明，大多数学生选择那些容易获得学分的课程，而部分模块选课人数很少，课程开设受到影响。究其原因，笔者认为：一方面是学生为获得学分而选取那些容易拿分的课程，另一方面也学校对校本课程在设置、开发与管理上存在的问题，例如课程设置只兼顾了学校的办学特色及现有的师资，忽略了学生的意愿及在校本课程建设中的作用，没有深入了解学生对开设的选修课是否接受、是否感兴趣的问题

（五）学生自评、小组评价以及任课教师评价的操作问题

一方面，任课教师所教的班多且每个班的学生多，很难对每个学生的过程修习表现都做出客观、公正的评价；另一方面，教师和学生对"学生自评""小组评价"和"教师评价"的功能意义认识不到位，重视不够，认为表册操作工作量大，过于烦琐。

（六）模块检测的难度控制问题

模块检测的难度不好控制。如果试题较难，会导致大部分学生模块考试不合格，补考面太大，不利于学分认定；如果试题太简单，学生发展的差异性又得不到体现，不利于不同层次的学生得到最大限度的发展。

（七）涉及补考的相关问题

对补考工作的重视程度不够，有些教师主观上认为，补考就是走一下形式，随便让学生过，因此，补考试题命题过于简单，监考又不严格，就会纵容纵容学生以无所谓的态度应付考试，这种做法对学风和考风都会造成一定的负面影响。

（八）档案的管理问题

学分认定的纸质材料太多，给资料保存和档案管理带来了新的问题。

（九）选课的操作问题

选课是学分认定的基础，执行教改方案时遇到的第一个难题是进行校本选修课的选择问题。教师、学生和管理者对于如何指导学生选课、学生如何选课、教务处如何管理选课，都面临新的操作方法的困难。笔者认为选课的一个重要参照学校教育的核心理念，亦称之为学校教学和发展目标。任课教师教师向学校申报五花八门的选修Ⅱ课程，校方审批时的根据是学校发展的基本理念、核心价值观，由此确定哪些课作为该校的选修课，当然也可从其他许多因素来考虑。具体的操作是在课程开设前，学校发放学生选课手册、学分认定书，明确学分认定的条件、标准、要求、方式、日期；明确不予认定学分的情形。选课手册和学分认定书是具体开展学分评定的依据。

（十）课程编排的问题

学生选课后需要实行走班制。走班制教学的特点是每一个班级的课程表不再表示每一行政班学生的课程表，而是表示该地点的课程表。每一位教师的课程表不再是简单的一种表，而由两个部分组成，一个是必修课的课程表及授课地点，另一个是校本课程的课程表及授课地点。

（十一）走班的管理问题

由于部分课程的分层次教学，以教学班组织教学，再加上校本课程也是以教学班教学为单位，使学生走班的频率大大增加，如再加上一些学科在专用教室上课，在行政班上课的时间很少了。管理问题需要重视起来。班主任不知道他所管理的学生在何处上课，学生也难找老师，学生、家长和教师的意见会随之增多。

（十二）刚性学制的问题

学年学分认定与留级制在精神上是相抵触的。怎样处理学校规模过大、班额过大的考试不及格的学生的问题，特别是一个学生在一个学期同时有多门课程考试不及格，怎样认定这类学生的学分是我国实行学年学分认定的一个重要的现实问题。尽管在国家课程设计的层面已针对这一问题采取了具体措施，比如推出的最低学分数、设置多样化与有层次的课程、适当降低共同标准以迎接大众化的高中教育、要求学校设置辅导教师等。此外，学校在课程管理上还必须做出相应的规定，如对考核不通过的学生要及时通知，规定补考的时间地点，补考合格后该生仍可获得相应学分。

（十三）片面追求升学率的问题

当前，在社会上，许多学校片面追求升学率。在这种大环境下，高中学分认定并不能解除高考对学生的压力，难以孤军突破。高校仍然依据高考分数招生，社会仍以升学率对学校进行教育教学质量的片面评价。在学分认定试行的实践中，部分学校存在高一与高二搞学分、高三阶段拼考分的现象。因此，学分认定与高考如何挂钩是不可回避的现实问题。

（十四）办学条件的制约

总体上讲，要有效实施学分认定，就必须改变普通高中的办学条件，包括校舍、场地、设施、师资，特别是农村地区的学校。学分认定要求学校开设出足够供学生选择的课程，然而有的学校由于校舍小、资金少、教师缺乏或教师素质低等原因在课改前甚至连艺术课、信息技术课、音乐课等选修课程都不能开设齐全，这样必然不能实现高中学分认定的初衷。

（十五）校本课程的问题

选课是学分认定的前提，能否提供丰富的课程供学生选择是至关重要的。但是，当前大部分教师因自身素质的影响不能开发出适合学生需要的选修Ⅱ课程；即使开发出了优质的选修Ⅱ课程，这些课程也并不一定适合学生的需求。针对优质选修Ⅱ课程缺乏的问题，校际共享是一种可行性的解决办法，但是可行性不强，因为当前高中学校之间的竞争远远超出了合作的需求。另外，在实践操作上也有问题，可能直接给学生的管理带来诸多困难。

（十六）选课指导的问题

高中生处于身心发展期。调控情绪的能力差，心智不够成熟，其价值观、人生观并未完全确立，缺乏自我设计和自我规划的能力，甄别课程的意识和能力低下，更不要说自主选择适合自己的选修课了，选课的盲目性、功利性和随意性暴露无遗。如果课程资源丰富，如何指导学生科学选课又成了一个问题。教师能否科学地指导学生选课，能否为学生的人生规划提供有效的指导和帮助，这些都是学校要在学分认定中必须重视和解决的问题。

（十七）教师面临的挑战

引入学分认定后，教师除了要完成必修课的授课任务、个别辅导和作业批改、组织学生参加模块测试、学分认定和参加提升培训等外，还被要求开设足够学时和高质量的、适合学生特点、符合学生发展兴趣的选修课程，这需要教师创造性地开展工作，包括课程指南的编制、学分计算、课程考核与评价、指导学生等系列问题。因此，教师课程开发能力究竟怎么样，能否开发出一批有价值的校本课程，对教师素质是一个直接挑战，这也是高中学分认定中面临的挑战。

（十八）其他配套的问题

比如，就高中学生的学习报告单的配套设计而言，课题组的思路是通过学习报告单全面反映新课程结构的特点。这就要求其配套设计不仅要准确记录学生的学分结果，还要对学生在学习过程中的行为表现进行适当的描述，以反映学生的素质发展状况及个人在课程学习中的面貌。还有，学生在社区空中的活动，社区工作人员根本不知如何安排这些学生，只是盖章了事，这是社会配套中的漏洞。

针对这种情况，笔者的对策是在学校资源有限的情况下，加强在课程设置之前通过问卷调查对学生学习愿望(选课情况)作深入了解，做好归纳分析，使学校开设的课程真正实现满足学生个性化发展的需求。

六、今后的努力方向

（1）继续在实践中探索和完善各项管理措施，不断修改各种相关表册，简化程序，增强操作的实效性。

（2）在现有认识的基础上，在学分管理的实践中深化认识，使之上升为理论。

（3）积极探索适合我校特色的学生素质综合评价模式。

路漫漫其修远兮，吾将上下而求索，今后，我们只有在课改中不断摸索，在课堂教学实践中不断积累、提炼相关经验，加强对现有制度的反思与完善，才能更好地适应课改发展的需要，把新课改全面推向深入。

七、参考文献、引文注释等

1. 刘永康和李华平．高中新课程的理论与实践．高等教育出版社
2. 崔永廓．有效教学：理念与策略．华东师范大学．2009年
3. 孙颖老师撰写《推进高中新课程若干问题的思考》
4. 浙江省温州中学学分管理制度方案
5. 成都市普通高中学分管理办法（试行）
6. 双流中学实验学校学分制实施方案（试行）
7. 深圳市红岭中学高中学分认定方案
8. 浙江省××中学学生成长记录与综合素质评价制度
9. 北京市普通高中新课程学分认定及模块考核指导意见（试行）
10. 湖南省《长沙市一中高中新课程学分认定办法》
11. 《达州市教育局关于普通高中学分管理的意见》（征求稿）
12. 《四川省普通高中课程改革实用知识问答》
13. 《四川省普通高中××学科课程标准》
14. 《四川省普通高中学分认定办法（试行）》
15. 《四川省普通高中××学科课程标准（实验）》的评价建议
16. 《四川省普通高中学生综合素质评价方案》

四川省达县石桥中学 黎军

2011年9月

达县石桥中学高中新课程学分管理的实践与研究

《达县石桥中学高中新课程学分管理的实践与研究》工作报告

一、前言

（一）市课题的来源

《达县石桥中学高中新课程学分管理的实践与研究》是在十一五期间、在新课程学习过程中笔者根据新课程过程中学分管理的需要而确定的、经学校规划、教科室立项的课题。立项时间为2009年6月,立项文号为:达石中教科〔2009〕25号。

（二）市课题研究的目的与意义

1. 研究的目的

（1）从学校管理的角度看

通过研究学生在过程管理中各方面的行为表现，探索对其进行教育引导的应对措施，初步形成学分管理及综合素质评价的方案，以此指导任课教师的教学、班级和学校的常规管理，提高学分管理在新课改中的执行效率，规范学生行为，提升学校的教育教学质量与水平，推进学校评价机制与办学理念的转变。

（2）从班级管理的角度看

通过研究班级管理中学生在"出勤"、"课堂教学"、"作业完成"、"社会实践活动"等方面的表现，探索学分在班级过程管理中对学生的养成教育和纠正不良行为举止的应对办法，以此规范学生行为，强化班风学风建设，以提高班级管理效率，提升教学质量。

（3）从学生的发展角度看

引导学生形成正确的世界观、人生观、价值观，培育学生的学科素养。

① 具有民主与法制意识，遵守国家法律和社会公德，维护社会正义，自觉行使公民的权利，履行公民的义务，对自己的行为负责，具有社会责任感。

② 具有终身学习的愿望和能力，掌握适应时代发展需要的基础知识和基本技能，提高收集、判断和处理信息的能力，具有初步的科学与人文素养、环境意识、创新精神与实践能力。

③ 具有强健的体魄、顽强的意志，形成积极健康的生活方式和审美情趣，初步具有明辨是非、职业素养、创业创新和人生规划的能力。

④ 正确认识自己，懂得尊重他人，学会交流与合作、忍耐与宽容，具有团队意识与合作精神，培育面向世界的开放意识。

2. 研究的意义

关注学生的发展，调动学生的学习自觉性、主动性和积极性。学生是新课改实践的主体，要使课改开展的工作有成效，一个极其重要的方面，就是挖掘学生内在的学习动力。让学生根据教学计划和个人实际选择选修课程，以激发强烈的求知欲，改善自己的学习行为，使自己想学、爱学、会学、乐学。

践行因材施教，给层次不同、需求不同的学生创造成长条件。学分管理可以让学生按照自己的条件和特点，合理选择选修课程，调整生涯规划，掌握相应的学科知识和基本技能，将自己培养成国家和社会所需要的人才。一些基础较好的学生可以多选或提前修完所选课程，较差的、学习吃力的学生则可以少修或延迟部分选修内容，把时间、精力集中到必修课程上。

引导教师更新教育教学理念，提高教学质量。在过程性管理中，教师要更多地关注学生、尊重学生、把学生的发展放在首位。通过参与课改实践，引导教师创造性地利用教材，开发具有学科特色的、高质量的课程；同时，教学效果直接影响到选课的人数情况，这也促使教师学习先进的教学理论，精选教学内容，优化教学设计与教学环节，探索新的教学方法与教学手段，不断提高教学质量，做研究型教师，做学生新课改的引路人。

达县石桥中学高中新课程学分管理的实践与研究

3. 当前社会对该课题的研究状况

（1）西方学分制的产生与研究现状

西方学分制的产生：学分制起源于选课制的产生和发展。选课制是学分制赖以存在的基础，是学分制管理的必要条件。18世纪末，选课制首创于德国，1810年柏林大学实行课程选修制。1779年，美国总统托马斯·杰斐逊把选课制引入威廉和玛丽学院。1825年，弗吉尼亚大学开始试行选课制。随后，耶鲁大学、布朗大学和哥伦比亚大学也开始尝试实施选课制。1851年，密执安大学开设工科选修课。1872年，学分制真正成为一种制度在美国哈佛大学施行。之后，逐步推广完善。20世纪20年代，学分制开始影响其他国家。美国是世界上实施学分制最彻底的国家，绝大部分高校实行完整的学分制。

西方学分制的研究现状：与此同时，学分制迅速向本科以下学段延伸。20世纪60年代以来，美国、德国、英国、加拿大、瑞典、芬兰、印度、韩国等国家的高中在探索中普遍采用学分制对学生的学习进行管理。其中，日本在1994年和1999年颁布的《高中学习指导要领》中明确规定高中学生必须在规定的课程领域获满80个学分方可毕业。

（2）我国学分制的产生与发展

大学学分制的产生：学分制开始于五四运动前后，大学阶段的学分首先产生于1918年蔡元培在北京大学实行的选科制和学分制。到20世纪初期，几乎所有的高校都实行了学分制。新中国成立后，1949年10月8日高教秘字第172号通令颁布的《华北专科以上学校1949年度公共课过渡时期实施暂行办法》明确了学分制选课的相关规定。1950年8月颁布的《高等学校文法两学院各系课程草案》对各科的学分都做了详细的规定，但很快又改行学年学时制管理。

大学学分制的发展：从1978年开始到90年代初期，学分制的实行在我国出现了四次高潮，南京大学、武汉大学等少数重点大学率先推行。到1996年底，全国近三分之一的高校已实行了学分制。目前，越来越多的高校开展了以学分制为主题的教育教学管理体制的改革。

高中阶段的学分制的产生：早在20世纪20年代我国江苏就有一些普通高中试验学分制。80年代以来，我国有不少普通高中进行了学分制管理的探索。

高中阶段学分制的研究现状：1990年，原国家教委颁布了《普通高中教学计划》，规定学校设置必修课、选修课和活动课三类课程。在这个基础上，从 1995 年开始，我国高中逐步推行学分制。近十年来，一批重点中学如上海晋元中学、大同中学、江苏省金陵中学、江苏省海门中学、天津南开中学、华中师大一附中、江苏省锡山高级中学等投入学分制改革的理论研究和实践尝试中，并形成了各具特色的学分制管理办法，为我国高中课程的学分管理积累了一些经验。学分制有各种不同的实施模式，如完全学分制、学年学分制、计划学分制、实绩学分制、复合型学分制、弹性学分制、整合学分制、全面加权学分制、积点学分制，以及学分相通制、学分互换制等。其中学年学分制是学年制与学分制的结合与过渡。完全学分制可以打破学年界限，以整个学段（如本科、专科、高中或初中阶段）为单位，统筹计算学生修习的学分。而学年学分制则基本上保留原来的学习年限，但在课程设置上有必修课和选修课，并以学分来计量学生在规定学年中完成的学习量。学年学分制一般需要规定：A.学生毕业需要取得的最低学分总数及其中的必修课学分数、限制性选修课学分数；B.在一般情况下，允许学生每学期所修习的学分数的上、下限；C.某些不记学分但需要修习的课程（如军训、班会及团队活动）；D.其他诸如社区服务学分、课外活动学分、意外情况时的替代学分的规定；E.修业年限，学生修业期满取得不低于 A 项规定的各项学分数，并完成 C 项学习者准予毕业。鉴于学分制有不同的实施方式，因此有专家建议，考虑到我国教育资源有限，学校规模与班额太大，学制的相对稳定以及高考、大学录取等配套政策跟不上，比较稳妥的办法是采用学年学分制；也有研究者认为高中新课程实行的就是学年学分制。

2004 年的全国高中新课程改革的一个重要突破就是要在打好学生共同基础的前提下，让具有不同禀赋、爱好、兴趣的学生形成具有个性化的课程修习计划，由此带来学生课程修习过程的灵活性和个性化要求实现高中课程的多样化、选择性，随之而来的是要建立具有弹性的课程管理制度，为每一个学生选择课程提供保证。因此，此次高中课程改革赋予了学校合理而充分的课程设计与管理的权力来全面推行学分管理。模块式的课程以及采用学分来描述学生的课程修习状况成为本次高中课程改革的重要特色。《基础教育课程改革纲要（试行）》在论述基础教育新的"课程结构"时指出：高中以分科课程为主。为使学生在普遍达到基本要求的前提下实现有个性的发展，课程标准应有不同水平的要求，在开设必修课的同时，设置丰富多样的选修课程，开设技术类课程。积极试行学分制管理。

达县石桥中学高中新课程学分管理的实践与研究

综上所述，研究发现，许多学校高中学分管理的基本做法是，"根据课程设置方案要求制定学生学分管理办法，遵循客观、公正、透明的原则，严格学分认定的标准和程序，规范操作过程，真实反映学生课程修习状况"。以学分为计量单位，记录学生高中三年的课程修习状况，反映学生实际学时数量和基本学习质量；是学生完成学业，获得毕业证书的主要依据；作为高中课程改革方案中的一个重要环节，学分管理是符合我国教育实际情况的课程管理的方法和手段，它借鉴了学分制管理的很多优点和长处，但不是完全的学分制，在理念、具体实施和功能等方面与学分制有着明显的差异，又有别于西方推行的学分管理。同时笔者认为：学分管理应该是因时而异、因地而异的，主张因校情不同，学分管理的内容也应该不同。故立足于达州市达县的区域实际，特别是石桥中学实际的学分管理的探索尚属首次，因此该课题的研究无论对学生的终身发展、教师的成长和学校教育教学质量的提高都具有深远的意义。

4. 本课题研究的有关背景、研究基础、研究的理论依据

（1）研究的背景

笔者认真分析我校教师与学生的现状、面对教学管理中的困惑，决定以新课改为契机，寻找破解管理困惑的措施，以此作为本课题研究的切入点。

始于2008年秋的高中新课程改革，至今已经一年多了，学校在贯彻执行省、市、县相关政策方面有了一定的起步。同时，笔者在校本研究方面进行了不懈的探索与尝试，有了不少新的发现，在优化教学方面取得了较好的成绩。

要进一步推动课程改革，核心在课堂。课堂是教师"传道、授业、解惑"的场所，是学生获取知识的主渠道，课堂教学是学校教学工作的中心环节，教学质量的好坏直接影响到教学效果，进而影响学校的教学质量与社会声誉。因此，怎样管好课堂，充分发挥教师在课堂中的作用，挖掘学生在课堂学习中的潜能，实现课堂教学效率的最优化，这是目前高中新课程改革中应重点研究的问题。尽管各校都采取强有力的措施，却始终事倍功半，收效甚微。

面对新课程，我们深切地感受到形势发展带来的挑战。只有不断更新管理观念，迎接挑战，参与新课改教学实践，才能真正把新课改推向深入。为此，在教学管理中，笔者对新课程下的高中学分管理进行研究，以此作为突破口，扎实做好管理工作，为推进我校教学管理体系改革，为我校的发展探索出一条新的道路。

（2）研究基础

作为市级骨干教师和学科带头人，笔者常年开展课题研究，有较强的课题研究能力。有多个研究成果在达州市教育主管部门开展的教育科研成果评选中获奖，多篇教学论文在市区级征文大赛中获奖。是国家级电影课题《校本影视课程的建设与实施》与市级课题《农村初中弱势群体学生教育优化策略研究》的主研，该此两课题现已结题并分别被市区教育局推广；研究成果均获市级二等奖。

（3）研究的理论依据

教育学理论：巩固知识和技能的目的是让学生及时地把所学的知识和技能及时地巩固住。同时，也便于及时发现教学中的问题，及时采取弥补的办法和措施。

心理学理论：记忆三个以上的一组知识时，第一个和最后一个知识受一次干扰，即第一个知识受后面知识的一次干扰，而当中的知识却受前、后知识的两次干扰，这种前、后两头的知识因受干扰少而容易巩固的现象，叫"首应效应"和"近因效应"。

主体教育理论：把学生当成教育的主体，在教育教学过程中落实学生的主体地位，培养学生的主体性，是素质教育的要求，是未来社会发展的要求。

《基础教育课程改革纲要（试行）》指出：教师在教学过程中应与学生积极互动、共同发展，要处理好传授知识与培养能力的关系，注重培养学生的独立性和自主性，引导学生质疑、调查、探究，在实践中学习，促使学生在教师指导下主动地富有个性地学习。

5. 本课题研究成果将产生的作用与价值

课堂教学是教学工作的中心环节，良好的课堂环境、有序的课堂管理及教师的全身心投入对学生学习有很强的激励作用，使教学收到意想不到的效果。

在整个学分管理体系中，教师的管理、学生的参与是其基本的构成要素，教师和学生在学分管理中都占据着重要的地位。

教师的作用：明确自身定位，做好学生学习的引导者，在课堂教学中发挥着主导作用。

时代的发展使我们面临前所未有的挑战，社会的进步又为我们提供了千载难逢的发展机遇，教育改革呼唤高素质的教师。在新课改的当下，教师是学生学习的引导者，在课堂教学中发挥着主导作用。课堂教学的重要任务之一就是要使教学过程成为学生获取知识、发展能力的活动过程，成为科学知识内化为学生精神财富的过程。知识的获得与内化必须符合学生的认知规律，并借助学生已有的经验对知识进行自主构建。因此，教师在教学过程中必须运用一定的管理策略管好课堂纪律、发展良好的课堂秩序，并采取一定的教学策略，与学生积极互动、共同发展，培养学生学习的的独立性和自主性。

对学生的价值：借助课题研究，激发学生的学习兴趣，改变学习方式，使学生在参与、体验与感受中获取知识，在老师的引导下发展自己的学科素养。

课堂教学要坚持以学生的发展为本。通过课堂教学活动让学生在德、智、体、美等方面得到全面、和谐地发展；通过课堂参与、实验操作、语言表达，尊重学生获取知识的感受与体验。一方面有利于学生调整学习方式，点燃创新思维的火花，激发学生思索的欲望，培养学生独立思考和合作学习的能力；另一方面有利于学生发现自身潜能，发展自身个性。同时，通过课堂师生互动，还有利于建立师生相互交往，构建共同发展的民主、平等、合作的新型师生关系。要实现这些目标，在课堂上，学生首先必须服从教师的管理，遵守课堂纪律，认真听讲，积极参与课堂讨论。

对学校的影响：有利于推进学校评价机制和办学理念的转变。

实施学分管理，一方面有利于建立目标多层、方式各异、注重过程的评价机制，满足不同学生个性化发展的需要，形成导向、激励和制约机制，保证新课程计划的顺利实施；另一方面，有助于改变学校的办学理念，推进教学改革和教师队伍建设，凸显学校的办学质量。再次，能使学校在激烈的竞争中探索出一条具有自身特色的发展道路。

对班级的影响：强化养成，规范学风与班风。

借助课题研究，班级在规范学生出勤、课堂中的学习行为与习惯、完成作业的态度与习惯、社会实践活动中的表现等过程中的行为习惯，有利于开展对学生的养成教育，引导班风、学风的根本改变，提升班级的学习成绩。

二、研究方法与步骤

（一）本研究的主要指导思想、依据和研究原则

1. 本研究的主要指导思想

以马克思列宁主义、毛泽东思想、邓小平理论、"三个代表"重要思想为指导，深入贯彻落实科学发展观。认真领会党的十七届三中全会、四中全会精神，全面贯彻党的教育方针，落实立德树人的根本任务，发展素质教育，推进教育公平，以社会主义核心价值观统领课程改革，着力提升课程的思想性、科学性、时代性、系统性、指导性，推动人才培养模式的改革创新，培养德智体美全面发展的社会主义建设者和接班人。

2. 指导思想确立的依据

（1）新课程理论

尊重学生，还学生学习的自由，发挥学生的主体作用，引导学生在参与、体验与感受中获取知识，提高学生的学习兴趣。

要使学生主动参与学习，必须使学生对学习有兴趣。要使学生有兴趣，必须留给学生学习的自由空间；留给学生探究问题的自主权，必须充分尊重学生，还原学生学习的主体地位。

兴趣是一个人前进的动力，是永不枯竭的力量源泉。学生应当是主动的学习者。教师在设计教学过程、课堂教学及对学生的辅导中必须充分考虑到学生的学习潜能和学生的最近发展区，巧创激趣情境，激发学生的学习动机和好奇心，激发学生的学习兴趣。调动学生学习的积极性和主动性，引导学生主动地参与，独立解决学习中遇到的困惑。

（2）有效学习的理念

所谓"有效"，主要是指学生参与新课程学习一段时间后所获得的具体进步或发展。如果学生没有进步或者没有收获，没有得到应有的发展，即使在新课程学习中学得再辛苦、再努力也只是劳而无效的，因此，学生有无进步或发展是衡量学生新课程有没有效果的唯一指标。实行学分管理，注重过程与考核，能促进学生在能力提升、思维品质、学科素养等方面获得发展。

3. 研究原则

目的性与针对性原则。学分管理必须体现教学目的和要求；其内容要有代表性和针对性。

结构性与灵活性原则。学分管理的结构要严谨周密，消除疏漏和误区。操作要灵活，要避免管理呆板。

结构性原则。学分管理的结构要严谨周密，消除疏漏和误区。

重点性与和谐性原则。课堂是中心，抓好课堂管理是重点、难点和关键。教师要立足学生的基础，着眼于学生的发展，使学生在知识、技能、情感等方面和谐发展。

（二）市研究要达到的预期目标

（1）研究报告和研究论文

（2）学分管理细则及相关制度

（3）学分管理实施的各项表册

（三）研究的主要内容和重点

本课题重在探索制定学分管理与学生综合素质评价的方案，探究如何管好课堂，使教师的教学、学生的学习都取得较好的效果，主要包括：

1. 掌握学分管理一些策略

梳理归纳的策略：将学分管理细则分为课程实施及学分认定两块，而学分认定又分为机构设置、认定的意义、认定的基本要求、认定的基本内容、认定的管理及保障措施等六部分，按照他们之间的联系进行梳理归纳，形成管理的整体网络，使对学生的管理由点到线，由线到面环环相扣，以发挥学分管理细则的总体功能。

相关教师培训的策略：学分管理细则制定前，笔者精心策划，收集相关理论资料，培训相关人员，提高他们制定学分管理细则的理论水平；学分管理细则出台后，为更好地贯彻执行，在学校的领导下，在年级教师会上，笔者就学分管理的理论及操作问题分别对高 2009 级和高 2010 级的全体任课教师进行培训。

学分细则的修改策略：前位思考、查找问题。早在 2009 年 3 月（市上没有出台学分管理讨论稿之前），在教科室的牵头下，笔者及高 2009 级年级组长、高

2009级各学科备课组长立足于学校和年级组教育教学的实际，以四川省教育厅下发的文件为依据，结合我校教师、学生及教学的实际，借鉴了广东等课改前沿省份部分学校的做法，草拟《达县石桥中学关于学分管理方案》，并不断修改，力求完善。在征得王校长同意后，由教科室负责，高2009级具体实施，在教学中完善。教科室此举意在让老师们在教学中争论，在争论中修改。在实施中，笔者根据年级组和部分教师提出的建议，调整探索思路。网上下载成都市关于学分管理的相关文件，认真学习领悟文件，再次修改方案，拓展研究层面，使学分管理从课内延伸到课外、从校内拓展到校外，制定的对策更加符合相关领域的实际，思考的方面更细致，措施更到位，最终使我校制定的学分管理方案更加完善，更符合上级的政策，增强了细则的可操作性与灵活性。

教师质疑、探究、讨论的策略：为了补充、拓展和完善细则的内容，笔者鼓励课改年级的教师查找细则中的漏洞，质疑、探究、讨论细则在实施中存在的不足，在笔者的努力下，课改年级广大教师积极参与，在指出存在问题的基础上，提出了相应的对策，使细则不断完善。教师质疑、探究、讨论的过程就是管理细则不断完善的过程。完善的细则使此后的课堂教学管理收到了良好效果。

2. 学分管理研究活动的开展

学分管理研究活动的开展按"三个怎样"进行。

怎样制定学分管理的办法？（主要研究学分管理在制定及执行中遇到的困难）

学分管理怎样操作？（主要研究教师在课堂教学中如何按照学分管理进行操作的问题）

学生对学分管理怎样认识？（主要研究学生对学分管理认知策略的指导）

（四）研究的主要方法

在学习相关理论的基础上，以行动研究法为主，辅以问卷调查法、资料收集法、文献研究法等。

问卷调查法：在研究中，笔者设计并对学生进行问卷，通过对统计数据的分析，查找原因，发现问题，调整计划与方案，以此指导课改实践。

行动研究法：将行动与研究结合起来，将研究成果用于教学实践，以指导新的实践，边修改、边探索、不断总结、反复提炼与实践，使理论与实践、成果与应用有机统一起来。

达县石桥中学高中新课程学分管理的实践与研究

资料收集法：深入班级，对学生的课堂现状进行调查，找准细则在各领域中存在的问题，明确研究对象；整理与分析收集到的资料（如新课程修习过程考核记录手册、新课程模块修习表、调查问卷等），做出合理的判断，提出进一步改进的策略。

文献法：广泛收集整理文献资料，如国际国内新课程改革的理论，国家、省、市、县教育主管部门的文件，以及课程标准推荐的书目，为学分管理的制定和实施提供具有时代性、创造性的正面教材。

（五）研究过程和研究工作的实施

1. 开展宣传，全员动员

开展宣传，查找课题理论资料、开展宣传、明确目标等方面作了大量的工作，为研究工作营造氛围。

（1）查找资料，寻求理论支撑

课课题研究需要一定的理论来支撑。为此，在设计方案、开展研究工作之前，必须查找与课题相关的理论资料，笔者从学校图书室借来刘永康和李华平编著的《高中新课程的理论与实践》、从网上下载黑龙江哈尔滨市孙颖老师撰写的《推进高中新课程若干问题的思考》，下发《四川省普通高中课程改革实用知识问答》等，认真学习相关理论，提高了笔者参与研究的理论水平。

（2）以狠抓宣传为契机，营造环境氛围

为了落实省、市、县关于高中新课程改革的有关精神，推进学校的发展，学校领导学校非常重视，多次召开行政会议，认真分析校情特别是教师和学生实际的情况，统一思想，提高认识，营造氛围，为我校新课程改革的推行做了重要铺垫。

①学校自上而下高度重视。

2009年3月26日在学校行政会议上，王校长在安排教务、教科工作时就高一新课程的实施提出如下要求：各处室要充分利用新课改的契机做好宣传动员；年级组要及时召开教师会，学习宣传省市教育主管部门的相关政策；教务、教科要进驻课改年级，查找问题，收集相关信息，指导年级组实施新课改教学。

课改年级组及时召开教师会。4月3日晚，笔者了参加课改年级教师会。在会上，分管教务、教科的两位主任就新课程的宣传与实施提出要求：年级组开好学生会、班主任充分利用读报时间召开主题班会、任课教师利用 1~2 节课宣讲学分管理的重要性。

② 及时下发省、市相关文件，指导学科教学。

笔者及时下发了《四川省普通高中 ×× 学科课程标准》《四川省普通高中学分认定办法（试行）》《四川省普通高中 ×× 学科课程标准（实验）》的评价建议、《四川省普通高中学生综合素质评价方案》等文件，大力宣传新课程改革。

③ 2009 年 5 月 14 日，学校召开行政会议，专题研究课改年级在新课程实施过程中提出的问题，与会领导听取了教务、教科两位主任的发言后，从不同角度提出了解决问题的思路、对策和建议。最后，王校长在布置工作时，要求笔者就新课程学分管理制定出可供操作的方案。

通过学校各层面富有成效的宣传动员，从学校领导、年级组、班主任、任课教师到学生统一了思想，提高了认识。

（3）以拟定细则为龙头，明确工作目标

接受学校工作后，笔者精心策划，明确目标，分解任务，着手草拟学分细则。

① 统筹安排，查找范例

A. 首先对教科室参与新课改的成员进行分工。要求每位成员负责四科，联系所辖学科的备课组长、教研组长，为他们查找信息，指导他们草拟学分细则。

B. 认真收集课改先行省份的一些名校关于学分的具体做法。笔者从网上下载了湖南省《长沙市一中高中新课程学分认定办法》、广东《深圳市红岭中学高中学分认定方案》、陕西省《城固一中高中新课程学分认定与管理办法》、福建省《仙游一中普通高中新课程学分认定和管理方案》、浙江省《温州中学学分管理制度方案》等，仔细研读这些学校在学分管理方面的具体做法，为指导我校学分管理的制定提供参考和范例。

C. 抓好学习培训，以便指导细则的拟定。笔者组织相关人员学习新课程理念。2009 年 9 月 8 日晚，教科室成员、高一年级备课组长及高中各学科教研组齐聚教科室开会。在会上，笔者认真学习了四川省关于新课程的相关文件，介绍了改革前沿省区学校的做法；下发了广州市一中、长沙市一中等学校关于新课程学分认定的方案。笔者要求各学科组长要立足学校实际，参照下发的资料和省教

达县石桥中学高中新课程学分管理的实践与研究

厅的文件，利用网络特别关注广东、湖南等课改前沿省区名校的做法，多听取平行班任课教师的意见，结合所任学科实际，在12月30日前必须制订出学分认定与管理的方案。

②各方谋划，认真研讨，勾画方案

A．从2009年9月8日教科室会议后，相关人员迅速投入到学分细则制定的工作中。到12月22日，各学科组的学分初稿上交教科室，形成了《达县石桥中学学分管理方案》（第一稿，学分管理的雏形，以下简称《方案》）。各学科的方案内容虽翔实，有一定的可行性，但因学科特色和参照的范本不同而内容（特别是在政策上）各异，无法形成统一的、指导全校的方案。

B．充分研讨，见微知著。

2010年1月5日—1月15日，利用每天下午的读报时间，笔者在各班找来30名学生（成绩好、表现好的占10名；成绩一般、表现一般的占10名；成绩差、表现差的占10名）进行问卷调查，就各学科备课组长提供的学分办法广泛征求学生的意见。与此同时，从2010年1月13日至1月18日，利用晚自习，笔者组织高中各学科教研组长和学科知深教师学习《方案》，广泛听取他们的意见并逐条修改。

C．初稿出炉，框架敲定。

《达县石桥中学学分管理方案》（第一稿）采纳了各学科的共性部分，结合学校实际，认真研读各学科的个性，在汇总各方意见的基础上，笔者经过艰辛努力，终于在2010年1月22日完成《达县石桥中学高中阶段学科学分认定实施暂行办法》（第二稿）。它为学校制定最终的学分细则奠定了基础，提供了蓝本。

该办法包括：机构设置，必修与选修、综合实践课程的过程管理与阶段测试、补考等内容。过程管理（30%）主要包括学生的出勤（5%）、完成作业情况（10%）及课堂中的表现（15%）三部分；阶段测试（70%）则包括课堂测试（3%）、月考（7%）；中期考试（15%）、模块考核（35%）及学习反思（10%）五部分（五表一单）。2010年1月24日，王校长召集学分认定委员会的全体成员到教学东楼二楼会议室开会，征求意见，会议表决通过了《达县石桥中学高中阶段学科学分认定实施暂行办法》（第二稿）（以下简称《办法》）。

2. 研读文件，破解难题，完善方案

（1）认真研读文件，大幅度修改方案，破解管理疑难

2010年3月16日，在市教科所召开高中新课改工作会后，笔者结合学校实际，及时组织相关人员利用两周时间认真修改原方案。

首先，研读文件。笔者认真研读了《四川省普通高中课程改革实用知识问答》和市教育局下发的《达州市教育局关于普通高中学分管理的意见》（征求稿），尽快掌握新课改的相关政策，在制定学分管理时做到心中有数，贯彻省、市相关文件及政策不走样。

其次，集思广益，反复求证。《暂行办法》在实施中出现了许多问题，如艺术、体育、技术无法量化作业的问题，理化生及通技实验操作的量化问题及与其他学科学分比例的认定问题等，对此，笔者与部分学科教师商讨对策，化解矛盾。于3月26日出台了《达县石桥中学高中新课程模块修习学分认定与管理实施细则(讨论稿)》（以下简称讨论稿)，并修改了量表。考核标准虽然制定了，它们是否能够有效考核学生在"出勤"、"课堂表现"、"作业完成"及"社会实践活动"等方面的表现，给学生一个客观、公正、公平的评判？答案只有一个，那就是必须使细则结合实际，做到具体问题具体分析，这就要求在实践中不断修改完善细则、量表及标准。因此，笔者把过程管理分为"出勤""课堂表现""作业完成"及"社会实践活动"四方面，逐一量化。对每次开展的探究活动进行评议，根据评议结果修改量表与考核标准，择机进行第二次异班论证。

再次，多方求助，破解难题。在修改过程中，有的难题是笔者电话咨询省、市、县教育主管部门后才得到解决的，如怎样区分市教育局的意见征求稿中的"三.2""学业水平测试"与省上的"学业水平考试"之间的关系？通过电话咨询省教育厅、市教育局，同时查找相关文件，笔者才知道省上的"学业水平考试"相当于课改前的会考，而市上制定的学分管理意见中的"学业水平测试"则指的是每个模块学完后，学校组织的考试；有的难题是在运用中才总结出相应的对策的，如模块测试中的补考问题；有的难题，头天解决了，但在笔者征求部分任课教师意见后，又被老师们推翻了，又只好从头再来。如在制定过程性表现时，由于数学、政治、历史、地理没有"听说能力和实验操作测试"，音、体、美及信息技术没有"作业质量(含作业完成的次数和质量)"，如何寻求一个兼顾各门学科的方案以解决

33

达县石桥中学高中新课程学分管理的实践与研究

这一矛盾呢？我们挖空心思，想了一个又一个对策，花了四天时间，才最终破解这一难题。

经过笔者的努力，以《讨论稿》基础，不断修改各快内容，到5月27日，《达县石桥中学高中新课程模块修习学分认定与管理实施细则(试行)》和《达县石桥中学学生综合素质评价工作实施细则(修订稿)》提交学校教代会通过予以执行。此后学分管理进入了运用阶段，为规范班级管理、年级管理和学校教育教学质量的提升起到了保驾护航的作用。

（2）全面思考，推行诚信管理，完善方案

由于学分管理的落实涉及部分处室、年级组、班主任、任课教师、学生及家长，同时为使过程管理客观公正、公平，使学生在模块学习中获得的学分得到各方认同，笔者在拟订、完善学分管理方案的同时，结合我校实际，制定了《达县石桥中学高中新课程管理学分认定与管理诚信制度》、《达县石桥中学任课教师或指导教师新课程管理诚信承诺书》和《达县石桥中学高中学生参加新课程修习诚信承诺书》，在每期开学时，由年级组组织任课教师学习《达县石桥中学高中新课程管理学分认定与管理诚信制度》，并粘贴在年级组办公室和各班教室；所有任课教师与年级组组长签订《达县石桥中学高中学生参加新课程修习诚信承诺书》，各班学生与班主任签订《达县石桥中学高中学生参加新课程修习诚信承诺书》，交学校档案室存档。学校及家长则负责监督，通过这些措施，使各方密切配合，共同参与学分的管理，推动了新课改的顺利进行。

3. 三管齐下，落实方案

（1）加大宣传，以利落实

① 强调实施学分管理的必要性

A. 提高学生素质。在学分管理下，绝大多数学生能够避免或减少自己的迟到、早退、旷课与请假，自觉遵守课堂纪律，积极参与课堂发言，认真完成课堂作业；积极学习、主动学习，提高了学生的素质。

B. 方便教师的教学。对于老师来说，运用学分管理课堂，就是把课堂管理的主动权交给了老师，让老师对学生的课题出勤和课堂参与进行考核，掌控课堂秩序；从管理中解脱出来，集中精力为学生排疑解难，提高课堂教学效率。

C. 规范学生档案。按照四川省人民政府和省教育厅的相关规定，普通高中学生在每期应有相应学科模块的学分记录，它既要上报省教育厅学籍管理平台，还要装入学生的成长记录袋。作为学生的档案资料，待学生高中毕业后由县招办将这些资料送入学生就读的大学。

②宣讲实施学分管理的重要影响

学分管理是新课程中综合评价学生学业成绩与记录学生成长的重要方式，是为适应社会发展对人才培养的需求、全面推进素质教育、贯彻执行国家课程计划和新课程标准、调整和改革课程体系、优化学生知识结构的有效举措。在保证学生基本学业的基础上，坚持学习过程与学习结果并重的考核机制，有利于培养学生的学习习惯，规范学生的日常行为，端正学生的学习态度，能够满足学生个性化发展的需求，从而调动学生学习的积极性和主动性，促进学生全面发展和特长发展，培养学生的创新精神和实践能力；学分管理有利于把任课教师和班主任从烦琐的课堂管理中解放出来，全身心投入课堂教学，利于提高课堂教学效率。

（2）开展培训，强化指导

① 2010年6月10日，王校长签发了《达县石桥中学高中新课程模块修习学分认定与管理实施细则》（试行）和《四川省达县石桥中学学生综合素质评价工作实施细则（修订稿）》（达石中【2009】47号）文件,要求学分认定管理委员会、课改年级组及全体教师必须认真执行。

②笔者下发《达县石桥中学任课教师或指导教师新课程管理诚信承诺书》，要求高一年级所有教师签订承诺书。

③教科室下发《四川省普通高中课程改革资料汇编》、《四川省普通高中课程改革实用知识问答》和《达县石桥中学高中新课程管理学分认定与管理诚信制度》到年级组，要求年级组要组织教师认真学习。

（3）各种表册的具体操作

① 四川省达县石桥中学《高中学科模块修习过程管理日志》》此为主表，共5页。每月一册，以周为单位，由任课教师按照填表说明操作即可。此表是期末评定学生学段成绩和学分认定的重要资料。

② 四川省达县石桥中学《高中学科模块修习过程管理日志记录依据表》。此表作为《高中学科模块修习过程管理日志》的副表，共5页。每月一册，以周为单位，由任课教师按照填表说明操作即可。每期期末由任课教师签字后交年级组

盖章，再由年级组交教务处存档。

③达县石桥中学高中学科模块修习过程性管理统计表》《达县石桥中学高（ ）级第（ ）学期修习过程性评价统计表》与《四川省达县石桥中学高（ ）级（ ）班第（ ）学（ ）期各科模块修习成绩认定表》。前两表与后表配套使用，是认定学生学期成绩和学分的重要依据。其填写分四步：

第一步：每学期结束时，在任课教师的指导下，各班学习委员对《高中学科模块修习过程管理日志》进行分类统计后，交任课教师核对并签字，由任课教师交各班班主任；

第二步：各班班主任再将各学科的情况汇总后与模块考试的折算成绩相加，算出得分，并填写《四川省达县石桥中学高（ ）级（ ）班第（ ）学期各科模块修习成绩认定表》。如果得分超过60分，对照学分管理细则，记该学科的相应学分；如果得分不到60分，不能记学分，学生必须参加补考，补考的折算成绩加过程管理中学生的成绩是否有60分，达到或超过都记相应学分，不到60分，必须补修。班主任将表交年级组；

第三步：年级组对本年级所有学生的学分情况进行汇总，将结果和统计表交学校学分管理委员会审核。

第四步：学校学分管理委员会审核后，加盖达县石桥中学学分管理委员会的公章，在学校进行为期7天的张榜公示。

④公示期满后，教科室下发《达县石桥中学学分认定申请表》及《达县石桥中学高（ ）级学生第（ ）学期修习学分认定评价表》：该表的填写分四步：

第一步：在班主任的指导下，学生将各学科的相关数据填入《达县石桥中学高（ ）级学生第（ ）学期修习学分认定表》，召开学习小组会议，组织填写《达县石桥中学高（ ）级学生第（ ）学期模块修习成绩认定表》中的学生自评和同学互评；

第二步：在学生评价的基础上，任课教师在"任课教师评价"栏内填写并签字，上交年级组；

第三步：年级组将收到表册按照类别一学科一班级进行整理，交学校教科室；

第四步：教科室组织学校学费认定委员会工作执行小组加盖公章，将不予认定的学生公示，学生无异议，一周后年级组组织补考。教科室将所有学生的这两表交学校学籍管理员存档。

⑤年级组学分认定工作组组织各班填写《达县石桥中学高（ ）级学生第（ ）

学期模块修习成绩认定告家长通知单》，相关处室加盖公章后，由班主任寄往学生家庭。

⑥达县石桥中学高中学生第（　）学年《（研究性学习、社区服务、社会实践）活动记录表》与达县石桥中学高中学生第（　）学年《（研究性学习、社区服务、社会实践）活动考核登记表》。此两表配套使用，由专人填写，每次开展活动的相关资料记录在相应的表中，活动结束后由相应处室加盖公章。每学年结束时，此两表交年级组，作为认定学分的重要依据。

⑦《达县石桥中学高级学生高中阶段学分认定总表》，此表由学校档案员填写。作为电子档案，是查找学生学分信息的直接依据。

（4）关于补考

按照省、市、县教育主管部门的学分管理规定：凡在模块修习中学分未达到规定要求的学生必须参加补考。补考由学校教务处统一制卷、安排监考和改卷，试题难易适度。统分结束后，公示合格人员名单。

4. 奖罚并举，规范管理

（1）把过程性评价纳入教师业务管理。学校要求课改年级的教师每节课必须填写《达县石桥中学高中各科模块修习过程管理考核登记表》，并交学生代表签字；学校领导在听随堂课或公开课时要检查教师是否填写此表；任课教师在批改作业时必须对学生的作业作出等级评价，教务、教科在每学期例行检查教师备课与作业批改检查中，对课改年级的教师检查的重点放在检查是否填写了《达县石桥中学高中各学科模块修习过程管理考核登记表》和对学生作业的等级评价，签字盖章。检查的结果于当月公示，作为评优、评先及绩效考核的重要依据。

（2）政策支持。学校规定，教师在教科室组织的作业检查中被评为优秀的，在各级各类表彰中每次另加2分和优先推荐的权利。

三、研究的主要结果和产生的效果

（一）主要结果

（1）《达县石桥中学学分管理方案》（第一稿，学分管理的雏形）

（2）《达县石桥中学高中新课程模块修习学分认定与管理暂行办法》（第二稿）

（3）《达县石桥中学高中新课程模块修习学分认定与管理实施细则》（讨论稿）

（4）《达县石桥中学高中新课程模块修习学分认定与管理实施细则》（试行）

（5）《达县石桥中学高中新课程管理学分认定与管理诚信制度》

（6）《达县石桥中学任课教师或指导教师新课程管理诚信承诺书》

（7）《达县石桥中学高中学生参加新课程修习诚信承诺书》

（8）四川省达县石桥中学《高中学科模块修习过程管理日志》

（9）四川省达县石桥中学《高中学科模块修习过程管理日志记录依据表》

（10）《达县石桥中学高中学科模块修习过程性管理统计表》

（11）《达县石桥中学高___级第___学期修习过程性评价统计表》

（12）《四川省达县石桥中学高___级班第___学期各科模块修习成绩认定表》

（13）《达县石桥中学学分申请表》

（14）《达县石桥中学高___级学生第___学修习学分申请评价表》

（15）《达县石桥中学学分认定表》

（16）《达县石桥中学高___级学生第___学期修习学分认定评价表》

（17）达县石桥中学高中学生第___学年《（研究性学习、社区服务、社会实践）活动记录表》

（18）达县石桥中学高中学生第___学年《（研究性学习、社区服务、社会实践）活动考核登记表》

（19）《达县石桥中学高级学生高中阶段学分认定总表》

（二）产生的效果

1. 研究成果的推广

由于我校在新课程实施中谋划早、起步早，在其他学校还处于宣传阶段的时候，我校的学分管理就已经较为成熟并展开实施。2010年10月市教科所唐川主任等一行四人到我校检查课改实施情况时，专门听取了笔者和高一年级组各学科备课组长就新课改实施中遇到的问题所提出的建议。在全市新课改总结会上，成所长介绍了我校在学分管理方面的做法，达州市教科所和教育局在其官网上对我校的学分管理做了报道。2011年3月在县教育局组织召开的达县高中新课改专题会议上，笔者向参会的各高完中分管领导介绍了我校在学分管理方面的经验与做法。2011年3月20日，由杜明勇校长率领的达县第二中学行政班子和高一年级的各学科备课组长到我校学习学分管理及操作经验。达县中学、达县第三中学、达县第四中学、麻柳中学、渠县二中、蒲家中学、达一中等学校派人或打电话到我校咨询或索要方案的电子文档。

2. 在细则实施后，课改年级的教育教学收到的实际效果

（1）老师、学生及绝大多数家长认识到了学分管理的重要性。学校建立了对老师及学生的新的评价机制，任课教师改变了传统的课堂管理观念，积极主动参与课堂管理；学生认识到了学分的重要性，按时出勤，遵守课堂纪律，认真听讲，积极参与课堂讨论，师生共同营造和谐的学习氛围。通过宣传，许多家长提高了认识，主动找班主任了解学生的在校情况，共同参与班级管理。

（2）促进了学生行为习惯的根本改变。经过学校各层面的长期宣传动员，在全体任课教师的努力下，课改年级的教学与管理工作有条不紊地推进。较之于过去，课改年级学生打架斗殴的现象没有了；上课迟到、旷课、早退的人明显减少了；课堂好管了，上课说闲话、打瞌睡、看小说、玩手机等违纪行为少了；同学们积极完成作业；在考试中舞弊和提前交卷的现象被杜绝了，考风端正了。

一年来，学分管理的推行令学校满意、任课教师满意。大家都说现在的课堂好管多了，特别是平行班，以前各届在课堂上总是吵吵嚷嚷的，各搞各的，这种现象现在没有了；许多家长也非常满意，说娃娃到了高中懂事多了，学习比以前勤奋了。

四、研究的主要成果与形成的理论认识

（一）理论认识成果

笔者认为，两年多的课改实践可以概括为"一个中心，两条主线"。

"一个中心"：即"坚持以学生的发展为中心"它体现了高中新课程改革的实质，无论是课程设置、过程管理还是对学生综合素质的评价等都始终要围绕这个中心。

"两条主线"：落实新课程改革的要求，在常规的教育教学管理中，主要是抓好两条主线，即一是抓好学生的综合素质评价工作，二是抓好学生在各领域的修习状况及学分认定。其中，抓好学生综合素质评价，其实质主要是考察学生的思想素质，要求班主任和任课教师在平常的教育教学中要关注学生的思想动态；抓好学生在各领域的修习状况及学分认定，其实质主要是抓好、管好过程管理的相

达县石桥中学高中新课程学分管理的实践与研究

关环节，让学生获得相应的学分，提高学习成绩，促进师生共同发展。

（二）实践操作成果

总结出了一系列操作性强的可行性措施：经过一年的实践，我们认真领会省、市关于新课改相关文件精神，参照外省课改先行地区和学校经验，结合我校实际，经历了制订——实践——修改——再实践的艰难探索，提炼总结出了一下操作性较强的措施。

1. 制定了相关实施细则

（1）《达县石桥中学高中新课程模块修习学分认定与管理实施细则（试行）》

（2）《四川省达县石桥中学学生综合素质评价工作实施细则（修订稿）》

2. 完善了相关表册

（1）高中学科模块过程管理

① 高中学科模块修习过程管理日志（此为主表，一个月一本，由任课教师根据达县石桥中学高中新课程模块修习学分认定与管理实施细则(试行)，对学生在相关项目中的学习状态及对学习成绩进行认定并负责填写）

② 高中学科模块修习过程管理日志记录依据表（此为副表，一个月一本，主要用于查询学生在相关项目中具体的扣分或加分，每月30日下午由任课教师交学校档案室存档）

③ 高中学科模块修习过程性管理统计表（每学期结束时汇总）

④ ___年四川省达县石桥中学高___级第___学期修习过程性管理评价统计表

（2）模块成绩

① 达县石桥中学高级学生第___学期模块修习成绩认定表

② 达县石桥中学高级学生第___学年模块修习成绩报告单

（3）学分认定

① 达县石桥中学高中学分认定申请表（样表）

② ___年四川省达县石桥中学高___级___班第___学期修习学分认定表

③ 达县石桥中学高___级学生第___学期修习成绩认定告家长通知单

（4）综合实践活动评价

① 达县石桥中学高中学生第 ___ 学年（研究性学习、社会实践活动、社区服务）活动记录表

② 达县石桥中学高中学生第 ___ 学年（研究性学习、社区服务、社会实践）活动考核表

（5）达县石桥中学高 ___ 级学生高中阶段学分认定总表

《达县石桥中学高中新课程学分管理的实践与研究》研究方案

一、研究的背景和意义

（一）课题研究的背景

在新一轮高中课程改革中，学分的实践研究成了学校探索与贯彻新课改的重点和难点之一。综观当前在达县、达州市乃至四川省的新课程教学与管理中，新课程学分管理虽然提得很响亮，但因诸多因素的影响，在高中新课程管理与教学中普遍存在以下两种现象：

（1）囿于惯势思维的支配，许多主要领导没有跟上形势的发展，思想上没有引起高度重视，没有带头学习新课程的相关内容，甚至连党和国家课改理念都没有弄清楚。在开会时，个别领导在会上乱讲一通，如在某县教育局召开的新课程管理会议上，该县的分管领导在会上讲道："各校校长要高度重视新课程改革，它是国家高考指挥棒下应试教育的发展，因此，我们的教学不能搞花架子，不能只为过程而过程……"分管领导的话让参会的学校领导和老师瞠目结舌。又如，某校校长在学校召开的行政办公会议上布置处室工作时，他对政教、安办、后勤的管理讲得井井有条，但对教学特别是新课程却说不到点子上，为了掩盖自己的无知，振振有词地说："关于新课程学分管理，下面请让教务处主任和教科室主任专门为大家讲。"

（2）长期以来受应试教育的影响，在高考指挥棒的指引下，许多教师在日常教学过程中往往只关注自己的讲课，关注知识与技能目标的达成，却忽视对课堂的管理，特别是学生的听课状况，出现了学生耍手机、看小说杂志、小声摆龙门阵、打瞌睡等现象。教师这样的教学与管理的做法实质是教师的失职，是没有师德的表现。大多数教师认为"学分管理"是一种形式和点缀，走走过场而已；如果真正实行,老师要做的事太多,担子太重了,再说它对教学又不会有实质的影响。因此,许多老师抵制学分管理,不愿意接受学分管理,更不会主动去学习学分管理的相关知识;还有些老师认为教师在教学中过度地关注所谓的"情境创设、学生活动、小组讨论"等,造成形式上的热热闹闹,而缺乏应有的学科课程的本质特征,在某种程度异化了新课程的特点和亮点,出现"上课热热闹闹,下课全不知道"的现状,教学过程空泛,担心造成低效或无效教学。

(3)我们高中所教的学生绝大多数是基础差、表现差的双差生,课堂是他们休闲的场所,学不学习无所谓。部分学生对采用什么样的管理方式不闻不问、无所谓;部分学生认为学分管理约束了自己的发展空间,对学校和老师关于新课程与学分管理的宣传抵触,甚至说风凉话;部分想学习的学生支持学分管理,希望学校早日推行学分管理。

本课题研究的目的在于从根本上改变这种现状,通过新课程的宣传与学习纠正部分领导、老师和学生的错误认识,在教学中采用学分管理,关注教师的课堂教学行为、关注课堂中学生的听课表现、关注学生作业的完成情况,让学分管理成为关注学生学习过程的常态之举,这对学生掌握学科知识、发展学生的核心素养,对老师提高自身素质、转变自己的教学行为,对班主任强化班风建设、规范学风管理和学校探索办学思路、提升教学质量具有重要作用。

(二)研究的意义

通过学分管理的实践研究,关注学生的出勤,关注课堂中的学习与表现,关注完成作业的态度与质量,关注社会实践活动中学生参与研究性学习、社区服务、社会实践的态度、情感及完成情况的过程记录等,全方位地了解和引导学生,以优化学生的思维品质、提高学生的学科素养,引导学生在知识与技能、过程与方法、情感态度和价值观目标等方面达到新课程学分管理与考核的要求,把学生培养成国家与社会所需要的时代新人,促进教师快速转变,成为学生健康发展的引路人,加强和规范班级建设和引导学校探索适合校情的办学模式和长远发展规划具有深远的意义。

二、研究的指导思想

以马克思列宁主义、毛泽东思想、邓小平理论、"三个代表"重要思想、深

达县石桥中学高中新课程学分管理的实践与研究

入贯彻落实科学发展观,为指导认真领会党的十七届三中全会、四中全会精神,全面贯彻党的教育方针,落实立德树人根本任务,发展素质教育,推进教育公平,以社会主义核心价值观统领课程改革,着力提升课程思想性、科学性、时代性、系统性、指导性,推动人才培养模式的改革创新,培养德智体美全面发展的社会主义建设者和接班人。

在这些理念的指导下,我们的学分管理的实践应该从关注学生全面发展和终身可持续发展的需要出发,注重学分管理在出勤、课堂教学、作业完成及社会实践活动等过程中的行为与表现,关注学生在这些过程中主体地位的体现和主体作用的发挥,鼓励学生参与、体验和感受,以培养学生的参与意识、合作能力、实践能力和创新精神。通过这些环节过程的考核,促进学生综合素养的全面提升。

三、课题的界定

新课程:新课程是针对我国新课改而重新编写教材和设定教学科目的统称,有新的大纲相配套。它是为真正落实我国素质教育而由国家中小学教研组统一编写和设定的课程模式;在新课程背景下,中小学教师要学习新的教学理念,采用新的教学方法,才能适应新课程的教学。

学分:是用于计算学生学习量的一种计量单位,按学期计算,每门课程及实践环节的具体学分数以教学计划的规定为准。另外,学校要求学生在课外活动例如社团活动,参与竞赛,暑期实践等综合实践活动方面也要修满一定的第二课堂学分。通过学分可以评判学生在某学期期间的学习知识的广度,学生获得的学分越多,说明学生学到的东西也就越多。在某些学校中,学分也变成了评价学生优秀程度的一个重要标准。在不同国家、不同学校涉及的内容与权重是不一样的。

学分管理:学分管理是以学分为计量单位,记录学生高中三年的课程修习状况,反映学生实际学时数量和基本学习质量的一种评价方法;是学生完成学业,获得毕业证书的主要依据;是全面实施素质教育,为满足学生个性化发展以及社会对学生多样化需求服务而构建科学、高效教学管理制度的需要。本课题研究所学分管理是研究学生在"特定的阶段中的行为表现"。所谓"特定的阶段"在课题研究中即指出勤、课堂教学、作业完成、综合实践活动着四个阶段。这就是说,学分管理要研究学生平时在出勤表现出的"行为方式"、在课堂教学中展现出的"学习行为及课堂表现"、在作业完成中反映出的"对学习与作业的态度及完成作业的质量"及在综合实践活动中记录的"行为与表现",探索建立学分对学生在"特定阶段中的行为表现"的管理与评价机制,让学生在体验与感受中收获知识,发展自己的核心素养。

四、课题研究的价值

在整个学分管理体系中,教师的管理、学生的参与是其基本的构成要素,教师和学生在学分管理中都占据着重要的地位。

(一)教师的作用:成就高素质的教师

时代的发展使我们面临前所未有的严峻挑战,社会的进步又为我们提供了千载难逢的发展机遇,教育改革呼唤高素质的教师。在当今新课改下,教师是学生学习的引导者,在课堂教学中发挥着主导作用。课堂教学的重要任务之一就是要使教学过程成为学生获取知识、发展能力的活动过程,成为科学知识内化为学生精神财富的过程。知识的获得与内化必须符合学生的认知规律,并借助学生已有的经验对知识进行自主性的构建。因此,课堂教学过程就是教师运用一定的管理策略管好课堂纪律、发展良好的课堂秩序,并采取一定的教学策略,帮助学生打开知识之窗,重现知识的形成过程;同时,引导学生体验知识,感受知识的存在;指导学生应用知识,增强对知识的记忆与理解;帮助学生回归知识,促使教材知识活化。

(二)对学生的价值:收获知识,发展自身的核心素养

课堂是学生接受知识的主要阵地。课堂教学要坚持以学生的发展为本,学生通过课堂教学活动在德、智、体、美等方面得到主动、全面、和谐的发展;通过课堂参与、实验操作、语言表达,尊重学生获取知识的感受、体验和价值观念,一方面有利于学生调整学习方式,点燃创新思维的火花,激发学生思索的欲望,培养学生的探究思维和合作学习的能力;另一方面有利于发现自身的潜能,发挥自身的个性,使自己在原有的基础上得到发展。同时,通过课堂师生互动,还有利于建立师生相互交往,共同发展的民主、平等、合作的新型师生关系。

(三)对学校的影响:改变办学理念,转变评价机制

作为新课程的实践者和管理者,我们清醒地意识到,实行学分管理,对于学

达县石桥中学高中新课程学分管理的实践与研究

校来说，一方面，有利于建立一种目标多样、方式多样、注重过程的评价机制，满足不同学生的多样化发展需要，形成导向、激励和制约机制，保证新课程计划的顺利实施；另一方面，学分管理的实施同时有助于改变学校的办学理念，有助于教学改革和教师队伍建设，全面提升教师的业务素质，因为学分管理的实施，是以大量的、多样化的选修课为前提的。教师要引导学生学好选修课，首先必须提高自身素质。再次，学分管理的实施能使学校在激烈的竞争中探索出一条具有自身特色的发展道路。

五、研究的内容

本课题打算着重围绕课堂教学，关注学分管理实践中学生的行为、教师的行为及评价机制开展了以下三方面的工作：

（1）研究学分管理实践中的学生行为。具体从以下四方面展开工作：

① 基于学生在出勤方面常态行为而探索的管理对策；

② 基于学生在课堂中的学习行为和课堂表现而探索的应对之策；

③ 学生在作业完成中的态度及质量策略；

④ 学生在社会实践活动中的行为表现及过程记录探索。

（2）研究学分管理实践中的教师行为。着手从以下四方面展开研究：

① 探索教师对学生出勤方面的教育与管理对策；

② 基于学生在课堂中的学习行为和课堂表现而探索对教师管理的应对之策；

③ 强化教师在批改学生作业中的态度及批改质量的应对策略；

④ 关注教师对学生社会实践活动的引导及管理的探索。

（3）探索与制定学分管理与评价机制（方案）：

制定高中新课程实施过程中学分管理对学生的行为和教师的行为的评价机制（方案）。

研究重点：

探索基于新课程学习的教师教学行为和学生行为的学分管理及评价方案。

难点估计：

① 基于学分管理中的教师行为和学生行为的设计，由于校情差异大，可借鉴的经验少，需要大胆地创新。

② 学分管理及评价机制的探索是一项系统工程，任务重、难度大。

解决对策：

① 课题组在广泛调查的基础上，厘清问题的症结，扎实开展行动研究，在实践中形成经验，再结合理论学习进行反思，并回归到实践中接受再检验。

② 加强理论研修，对课题研究的目标、意义、研究方法和相关理论广泛研讨，必要的时候再走出去借鉴兄弟学校的一些经验或请有关专家来进行指导。

六、研究的目标

（1）通过问卷调查，了解在高中新课程教学过程中学生在出勤、课堂学习及表现、完成作业的态度与质量、社会实践活动中学生的行为与教师的教育与引导的现状，厘清存在的问题并找到问题的症结所在。

（2）通过开展行动研究，摸索出一套在高中新课程学习过程考核教师和学生的有效措施。

（3）探索并完善具有可操作性的评价机制（方案）。

七、研究的主要方法

（一）行动研究法

本课题研究主要是在理论研究的基础上，结合新课程下高中各学科的课堂教学的实践开展学分管理行动研究，在实际的运作中不断地修改和完善，直至有效地解决问题。在教学研究中形成成果，用成果来指导教学实践。

（二）实验法

通过对不同学校和班级之间的教学实验对比，发现问题、检验研究的初期成果。

（三）调查法

在课题研究的各个阶段，通过问卷和访谈的方式，了解现阶段高中新课程学习中特别是课堂教学过程中教师的教学、学生学习与听课的现状，研究制定出相应的解决措施。

（四）案例研究法

选择几个课题成果推广的案例跟踪研究。

（五）统计分析法

对各类量表和调查数据进行统计分析，从统计数据中发现客观问题，提出解决方案。

八、课题研究策略

（一）梳理归纳策略

制订学分管理方案，探索课程设置及学分认定的模式，学分认定的框架，如机构设置、认定的意义、认定的基本要求、认定的基本内容、认定的管理及保障措施等，按照各块的内容、各部分之间的联系一块一块地梳理归纳，形成管理的整体网络。使对学生的管理由点到线，线到面环环相扣，收效甚大。

（二）涉及教师的培训策略

学分管理制定前，我精心策划，收集相关理论资料，对科室成员、高中各学科的教研组长、高2009级各学科备课组长进行理论培训，提高他们的理论认识水平；学分管理出台后，为了更好地贯彻执行，在学校的领导下，在年级教师会上，我就学分管理的理论及操作问题先后对高2009级和高2010级的任课教师进行培训。

（三）学分认定内容的细化、拓展、完善的策略

（1）借鉴学习。早在2009年3月，在市里没有出台学分管理之前，我牵头组织科室成员及高2009级年级组长、高2009级各学科备课组长立足于学校和年级组教育教学的实际，以四川省教育厅下发的文件为根据，参照广东等课改前沿省份的一些学校的做法，制定了《达县石桥中学关于学分管理方案》(初稿)。

（2）修改完善。交学校行政会议讨论，高2009级负责实施。我此举意在抛砖引玉，让老师们在教学中争论，在争论中修改。正如在实施中，根据年级组和部分教师提出的建议，我对管理思路进行修改。下载成都市关于学分管理的相关

文件，认真学习领悟文件，再次进行修改，将学分管理的思路适当延伸拓宽，最终使我校制定的学分管理更加完善，更符合上级的政策，增强了细则的可操作性与灵活性。

（四）教师质疑、探究、讨论的策略

为了补充、拓展和完善细则的内容，我鼓励课改年级的教师查找细则中的漏洞，质疑、探究、讨论细则在实施中存在的不足，在我的支持下，课改年级广大教师积极参与，发现、指出了存在的问题，并提出一些应对思路，使细则不断得到修订与完善。教师质疑、探究、讨论的过程就是管理细则的成熟过程。完善的细则使此后的课堂教学管理收到良好的效果。

九、研究的步骤和实施计划

第一阶段：准备阶段（2009.4—2009.9）——此阶段的主要任务是查找资料、编制研究方案、申请立项与开题

（1）2009年4月2日—2010年4月7日收集国内外与本课题相关的文献资料，调查了解该领域研究的现状。

（2）2009年4月8日—2010年4月20日论证本课题研究的必要性、重要性和可行性，撰写课题研究方案和立项申请书，并向学校教科室申报立项。

（3）2009年4月21日—2010年6月2日准备问卷调查报告（草案），筹备理论学习材料。

（4）2009年6月4日—2010年9月4日立项后，分解研究任务，确定各阶段的研究目标，制定课题组规章制度，形成开题报告，联系专家，召开开题论证会。

（5）2009年9月4日—2010年9月30日根据专家建议，修改研究方案，制订详细的课题研究计划，撰写第一阶段工作总结反思。

第二阶段：学科方案形成阶段（2009.10—2009.12）——此阶段的主要任务是组织培训，深研课改前沿省区名校的具体做法，在论证学科学分方案的基础上制订出统一的学分管理方案（第一稿）

（1）2009年10月2日—2009年11月20日研读课题组收集的国内外特别是

达县石桥中学高中新课程学分管理的实践与研究

课改前沿省区名校关于学分方案等与本课题相关的文献资料，旨在让全体组员了解本课题研究领域的研究现状，并从名校的具体做法中受到启发。

（2）2009年11月21日—2009年12月31日各学科组制订学科学分管理方案，提交教科室与课题组；课题组召集教研组长及各学科组资深教师参加的研讨会，结合校情、教情、学情及学科的特殊性，论证各学科方案的利弊，在此基础上，制订了《达县石桥中学学分管理方案》（以下简称《方案》）。

第三阶段：实践反馈及方案的修改、完善与运用阶段（2010.1—2011.3）——此阶段的主要任务是编制问卷并调查，在论证《方案》基础上形成《办法》及考核量表与考核标准，并在落实中不断修改与完善

（1）2010年1月1日—2010年1月20日修订《学生的学习行为问卷调查表（草案）》和《教师的教学行为问卷调查表（草案）》，形成终稿，交付印刷。开展问卷调查，做好统计分析，撰写调查报告。

（2）2010年1月21日—2010年1月30日在充分调查的基础上，组织学科教研组长、备课组长开会，对《达县石桥中学学分管理方案》（第一稿）展开论证、修改、补充与完善，形成修改后的学分管理办法。

（3）2010年1月31日—2010年2月23日根据修改后的学分管理办法，绘制相关量表，出台考核标准。

（4）2010年2月24日—2011年3月26日对修改后的学分管理办法进一步完善、对量表及考核标准的修改与落实。

（5）2010年3月27日—2011年6月10日最终形成可操作性的学分管理方案。

（6）2010年6月11日—2011年3月31日宣传学分管理方案，运用学分管理方案，以此规范班级管理，在实践中为学校教育教学服务。

第四阶段：总结阶段（2011.4—2011.6）——此阶段的主要任务是汇总与整理资料；形成研究报告，填写成果鉴定书；申请结题

梳理整个研究工作，整理研究成果并做好成果的集结工作，最终汇编成册，形成各阶段的操作表格及相关资料，对前期工作进行全面反思，撰写研究报告、成果鉴定书，申请结题，做好结题的准备工作。

十、组织机构

（一）课题组顾问：何成均、唐川

职责：负责对本课题的研究工作进行进行理论和实践指导。

（二）课题研究

成员：黎军

职责：根据开题论证会上专家提出的修改意见，研究工作如下：

（1）负责课题研究的规划设计和管理，课题方案及开题报告的设计并安排部署课题研究任务，检查监督课题进展情况，协调课题研究的各种问题；同时负责课题"分析学生的出勤、课堂教学过程中学生的学习行为、课堂表现，制定相应的考核评价标准及其量表，督促教师如何运用学分管理的相关量表对学生出勤、课堂中的学习行为、课堂表现进行考核"研究和管理工作；整理相关材料，撰写研究报告，汇总研究成果。参与研究全过程，监督各类量表的落实，保障课题研究落实到位。

（2）负责课题研究过程中各部门的具体协调工作，负责课题中"学生在社会实践活动过程中可能出现的问题及考核评价方案制订及实践操作"的研究和管理工作；分析学生在平常完成作业时的态度及质量表现，制定相应的考核与评价操作标准及量表，并负责各类材料整理和归档具体工作。

十一、经费预算情况

本课题的研究大约需要经费700元，经费由课题组自筹，主要用于：

（1）资料收集印刷：100元。

（2）专家论证与指导（含开题论证、中期论证、结题论证）：200元。

（3）文献收集、图书购置：100元。

（4）参与市、区及学术交流活动：100元。

（5）专家咨询费：100元。

（6）教师培训费（含外出培训）：100元。

十二、预期成果

主要阶段性成果			
序号	成果名称		负责人
1	研究方案、开题报告、实施方案		黎军
2	问卷调查表、调查报告		黎军
4	课堂教学中学分管理的阶段材料		黎军
5	学分认定与管理实施方案		黎军
6	问卷调查		黎军
7	中期报告		黎军
最终成果			
序号	成果名称及形式		负责人
8	达县石桥中学学分认定与管理实施细则或方案		黎军
9	达县石桥中学学分认定与管理相关量表		黎军
10	量表使用案例		黎军
11	结题报告		黎军

十三、课题研究的保证措施

（一）查找相关理论，对学科教师进行培训与实践指导

（二）学校会对研究工作给予鼎力支持

（1）我为研究工作提供全部活动经费。

（2）学校图书馆和阅览室为课题研究提供方便，以便课题研究的工作能顺利开展。

（3）学校为课题研究的顺利进展提供网络支持。

（三）健全规范的课题任务完成

为了使课题研究顺利有效进展，我制定了任务完成量表，确保各阶段目标的顺利完成。

四川省达县石桥中学　黎军
2009 年 12 月

《达县石桥中学高中新课程学分管理的实践与研究》开题报告

一、课题提出

（一）背景

我省高中新课程改革实施已经二年了，学校在贯彻执行省、市、县的相关政策方面有了一定的起步，同时，我们在校本教研管理方面进行了不懈的探索与尝试，有了不少新的发现、新的创造，在优化课堂结构方面收到了较好的效果。

（二）现状与困惑

要进一步推动课程改革，核心在课堂。课堂是教师"传道、授业、解惑"的场所，是学生获取知识的主渠道，课堂教学是学校教学工作的中心环节，课堂教学质量直接影响到教学效果，进而影响学校的社会声誉。因此，怎样管好课堂，充分发挥课堂作用，使课堂教学效率更高，这是目前高中新课程改革中应着重研究的问题。尽管各校都采取强有力的措施，强化课堂管理，狠抓教学质量，提高课堂效益，却始终事倍功半，收效甚微。

（三）契机

面对新课程，我们深切地感受到了形势的发展给我们带来的挑战。只有不断地更新管理观念，勇敢地迎接挑战，为新课程的实施积极创造条件。为此，在教学管理中，我们对新课程下的高中学分管理进行研究，为突破口，扎实做好管理工作，推进我校教学管理体系的改革，为我校的发展探索出一条新的道路。

二、研究内容

课题研究的主题是"高中新课程学分管理的实践与研究",重在研究如何实践才能管好课堂,使课堂教学取得较好的教学效果,主要包括:

(一)学分管理功能的研究

(1)目的性原则。学分管理必须体现教学目的和要求。

(2)针对性原则。学分管理的内容要有代表性和针对性。

(3)结构性原则。学分管理的结构要严谨周密,消除疏漏和误区。

(4)灵活性原则。学分管理的操作要灵活,要避免管理呆板。

(5)重点性原则。学分管理的中心应是课堂,抓好课堂管理是重点、难点和关键。

(二)开展学分管理方式的研究

1. 掌握学分管理的一些策略

梳理归纳策略:将学分管理细则分为课程实施及学分认定两块,而学分认定又分为机构设置,认定的意义、认定的基本要求、认定的基本内容、认定的管理及保障措施六部分,按照各块、各部分之间的联系进行梳理归纳,概括成管理的整体网络。使对学生的管理由点到线,由线到面环环相扣,收效甚大。

相关教师的培训策略:学分管理细则制定前,我精心策划,收集相关理论资料,对科室成员、高中各学科的教研组长、高2009级各学科备课组长进行理论培训,提高他们制定学分管理的理论水平;学分管理出台后,为了更好地贯彻执行,在学校的领导下,在年级教师会上,我就学分管理的理论及操作问题分别对高2009级和高2010级的全体任课教师进行培训。

学分细则的修订策略:前位思考、查找问题,不断修改,力求完善。早在2009年3月,在市里没有出台学分管理之前,我牵头组织科室成员,及高2009级年级组长、高2009级各学科备课组长立足于学校和年级组教育教学的实际,以四川省教育厅下发的文件为根据,参照广东等课改前沿省份的一些学校的做法,制定了《达县石桥中学关于学分管理的思路》。交学校行政会议讨论,高2009级负责实施。我此举意在抛砖引玉,让老师们在教学中争论,在争论中修改。正如在实施中，根据年级组和部分教师提出的建议，我调整管理思路进行修改。下载成都市关于学分管理的相关文件，认真学习领悟文件，再次将学分管理的思路适当延伸拓宽，最终使我校制定的学分管理更加完善，更符合上级的政策，增强了细则的可操作性与灵活性。

教师质疑、探究、讨论的策略：为了补充、拓展和完善细则的内容，我鼓励课改年级的教师查找细则中的漏洞，质疑、探究、讨论细则在实施中存在的不足，在我的支持下，课改年级广大教师积极参与，指出了存在的问题，并为我们出谋划策，使细则不断修订与完善。教师质疑、探究、讨论的过程就是管理细则不断完善的过程。完善的细则使此后的课堂教学管理收到良好的效果。

2. 学分管理研究活动的开展

学分管理研究活动的开展按"三个怎样"进行。

怎样制定学分管理的办法？（主要研究学分管理在制定及执行中遇到的困难）

学分管理怎样操作？（主要研究教师在课堂教学中如何按照学分管理进行操作的问题）

学生对学分管理怎样认识？（主要研究学生对学分管理认知策略的指导）

三、研究方法、途径

在学习相关理论的基础上，以行动研究法为主，辅以问卷调查法、资料收集法、文献研究法等。

（一）理论研究法

收集和学习有关理论，逐步实践。

（二）行动研究法

制订个性化研究方案，通过对学分管理课堂教学实践情况的分析、研究、调整并再次实践。总结经验，做好记录，形成有价值的文字。

（三）资料收集法

深入班级，对学生的课堂现状进行调查，找准细则的实施在课堂管理中存在的问题，明确研究对象；对收集到的资料（如新课程修习过程考核记录手册、新课程模块修习表、调查问卷等）进行整理和分析，做出合理的判断，提出进一步改进的策略。

（四）文献法

广泛收集整理文献资料，如国际国内新课程改革的理论，国家、省、市、县教育主管部门的文件，以及课程标准推荐的书目，为学分管理的制定和实施提供具有时代性、创造性的正面教材。

四、研究价值

作为教学管理者，我们都知道，课堂教学是教学工作的中心环节，良好的课堂环境、有序的课堂秩序及教师的全身心投入对学生学习有很强的激励作用，使教学收到意想不到的效果。

在整个学分管理体系中，教师的管理、学生的参与是其基本的构成要素，教师和学生在学分管理中都占据着重要的地位。

（1）教师的作用：教师是学生学习的引导者，在课堂教学中发挥着主导作用。

时代的发展使我们面临前所未有的挑战，社会的进步又为我们提供了千载难逢的发展机遇，教育改革呼唤高素质的教师。在当今新课改下，教师是学生学习的引导者，在课堂教学中发挥着主导作用。课堂教学的重要任务之一就是要使教学过程成为学生获取知识、发展能力的活动过程，成为科学知识内化为学生精神财富的过程。知识的获得与内化必须符合学生的认知规律，并借助学生已有的经验对知识进行自主性的构建。因此，教师在教学过程中必须运用一定的管理策略管好课堂纪律、发展良好的课堂秩序，并采取一定的教学策略，与学生积极互动、共同发展，要处理好传授知识与培养能力的关系，注重培养学生的独立性和自主性，引导学生质疑、调查、探究，在实践中学习，促使学生在教师指导下主动地富有个性地学习。

（2）对学生的价值：课堂是学生接受知识、科学发展的主要阵地。

课堂教学要坚持以学生的发展为本，学生通过课堂教学活动在德、智、体、美等方面得到主动、全面、和谐的发展；通过课堂参与、实验操作、语言表达，尊重学生获取知识的感受、体验和价值观念，一方面有利于学生调整学习方式，点燃创新思维的火花，激发学生思索的欲望，培养学生的探究思维和合作学习的能力；另一方面有利于学生发现自身潜能，发展自身个性。同时，通过课堂师生互动，还有利于建立师生相互交往，共同发展的民主、平等、合作的新型师生关系。要实现这些目标，在课堂上，学生首先必须服从教师的管理，自觉按照学分管理的要求出勤，遵守课堂纪律，认真听讲，积极参与课堂讨论。

（3）对学校的影响：有利于推进学校评价机制和办学理念的转变。

作为新课程的实践者和管理者，我们清醒地意识到，学分管理的实行，对于学校来说，一方面，有利于建立一种目标多样、方式多样、注重过程的评价机制，满足不同学生的多样化发展需要，形成导向、激励和制约机制，保证新课程计划的顺利实施；另一方面，有助于改变学校的办学理念，推进教学改革和教师队伍建设，全面提升教师的业务素质。再次，能使学校在激烈的竞争中探索出一条具有自身特色的发展道路。

五、研究基础

新课程理论：教师应由教学的管理者变为学生发展的指导者和促进者，学生学习的合作者，学生学习能力的培养者；课堂教学要培养学生的问题意识，创建灵活开放与生成发展的课堂；学生是发展的人，学生是独特的人，学生是具有独立意义的人，教师应尊重学生的个性并使其获得个性发展。

六、课题研究的目标

通过研究课堂管理来完善并落实课堂管理措施，再以完善的课堂管理措施指导课堂教学，以提高课堂教学效率，提升教学质量。

七、本课题研究的实施步骤

第一阶段：准备阶段（2009.4—2009.10）——此阶段的主要任务是查找资料、编制研究方案、申请立项与开题

（1）2009年4月2日—2010年4月7日收集国内外与本课题相关的文献资料，调查了解该领域研究的现状。

（2）2009年4月8日—2010年4月20日论证本课题研究的必要性、重要性和可行性，撰写课题立项申请书，并向学校教科室申报立项。

（3）2010年4月21日—2010年6月2日准备问卷调查报告（草案），筹备理论学习材料。

（4）2010年6月3日课题被教科室批准立项。

（5）2010年6月4日—2010年9月4日进行任务分解，制定课题组规章制度和研究方案，形成开题报告，联系专家，召开开题论证会。

（6）2010年9月4日—2010年9月30日根据专家建议，修改研究方案，制订详细的课题研究计划，撰写第一阶段工作总结反思。

第二阶段：学科方案形成阶段（2009.10—2009.12）——此阶段的主要任务是组织培训，深研课改前沿省区名校的具体做法，在论证学科学分方案的基础上制订出统一的学分管理方案（第一稿）

（1）2009年10月1日—2009年11月1日研读新课程，教育教学和教研基本理论培训学习。培训内容涉及学生学习行为、教师教学行为和教学评价三部分的理论。

（2）2009年11月2日—2009年11月20日研读课题组收集的国内外特别是课改前沿省区名校关于学分方案等与本课题相关的文献资料，旨在让全体组员了解本课题研究领域的研究现状，并从名校的具体做法中受到启发。

（3）2009年11月21日—2009年12月31日各学科组制订学科学分管理方案，提交教科室与课题组；我召集教研组长及各学科组资深教师参加的研讨会，结合校情、教情、学情及学科的特殊性，论证各学科方案的利弊，在此基础上，制订了《达县石桥中学学分管理方案》（第一稿）。

第三阶段：实践反馈及方案的修改、完善与运用阶段（2010.1—2011.3）——此阶段的主要任务是编制问卷并调查，在论证《方案》基础上形成《办法》及考核量表与考核标准，并在落实中不断修改与完善

（1）2010年1月1日—2010年1月20日修订《学生的学习行为问卷调查表（草案）》和《教师的教学行为问卷调查表（草案）》，形成终稿，交付印刷。开展问卷调查，做好统计分析，撰写调查报告。

（2）2010年1月21日—2010年1月30日在充分问卷的基础上，组织学科教研组长、备课组长开会，对《达县石桥中学学分管理方案》（第一稿）展开论证、修改、补充与完善，形成修改后的学分管理办法。

（3）2010年1月31日—2010年2月23日根据修改后的学分管理办法，绘制相关量表，出台考核标准。

（4）2010年2月24日—2011年3月26日对修改后的学分管理办法进一步完善、对量表及考核标准的修改与落实。

（5）2010年3月27日—2011年6月10日最终形成可操作性的学分管理方案。

（6）2010年6月11日—2011年3月31日宣传学分管理方案，运用学分管理方案，以此规范班级管理，在实践中为学校教育教学服务。

第四阶段：总结阶段（2011年4月1日—2011年6月30日）——此阶段的主要任务是汇总与整理资料；形成研究报告，填写成果鉴定书；申请结题

梳理整个研究工作，整理研究成果并做好成果的集结工作，最终汇编成册，形成各阶段的操作表格及相关资料，对前期工作进行全面反思，撰写研究报告、成果鉴定书，申请结题，做好结题的准备工作。

八、课题研究的成果形式

（1）研究报告和研究论文。

（2）学分管理细则及相关制度。

（3）学分管理实施的各项表册。

九、课题管理

课题顾问组：成　炜（达州市教科所副所长）

贺继业（达州市教科所理论室主任）

张洪祥（达县教研室理论室主任）

课题组组长：王朝晖（校长、中学高级教师）

课题研究成员：

黎　军（科研处主任、中学一级教师）

负责组织课题中期实施过程；

整理相关的课题成果；

全面负责本课题的研究进程；

进行课题组成员的培训工作；

负责课题实施方案的设计及各方面的联络；

撰写课题实施方案的课题研究性总结报告；

总结整理本课题的研究成果。

2009 年 9 月 25 日

第一部分　课题综述

《达县石桥中学高中新课程学分管理的实践与研究》课题中期报告

一、中期报告检查活动简况

（1）时间：2010 年 4 月

（2）地点：四川省达县石桥中学教学东楼四楼教科室

（3）参与人员：王朝晖、赵家安、黎军

二、中期报告要点

在新课程学习过程中我根据学分管理的需要申报的《达县石桥中学高中新课程学分管理的实践与研究》于 2009 年 6 月经学校教科室规划批准立项，立项文号为：达石中教科〔2009〕P25 号。在各级领导的关心和支持下，一年来，经过课题组成员的共同努力，课题研究各项活动正在有条不紊地推进并取得了一些阶段性成就，现就研究情况进行总结汇报。

（一）精心统筹，全员动员，反复修改方案

1. 查找理论支撑，做好宣传，配合学科组排查学生在特定阶段的现状，为学分管理提供依据

课题研究工作都需要一定的理论支持，为此，我从学校图书馆借来刘永康和李华平编著的《高中新课程的理论与实践》，高等教育出版社发行、孙颖老师撰写的《推进高中新课程若干问题的思考》，下载《高中新课程，我们无悔的选择》，细读《四川省普通高中课程改革实用知识问答》等，借此提高课题组成员的理论水平。

61

达县石桥中学高中新课程学分管理的实践与研究

学校自上而下高度重视，在 2000 年 3 月 26 日学校开学第一次行政会议上，王校长布置任务，要求年级组配合教务、教科召开年级教师会，调研现状，查找问题，收集相关信息，指导年级组开展学科教学。与此同时，教科室下发《四川省普通高中××学科课程标准》《四川省普通高中学分认定办法（试行）》和《四川省普通高中××学科课程标准（实验）》的评价建议、《四川省普通高中学生综合素质评价方案》等文件，指导学科组排查学生在出勤、课堂教学、作业完成、社会实践活动等方面的现状，为制定学分管理提供依据。

2. 抓好宣传与培训，借鉴名校的做法，为拟制学分细则提供范例

抓好宣传与培训，为拟制细则做准备。2009 年 4 月 16 日晚，我召集科室成员、高一年级备课组长及高中各学科教研组长到教科室开会。在会上，我认真学习了四川省关于新课程的相关文件，介绍了改革前沿省区的大体做法，会上，我们下发了长沙市一中等中学关于新课程学分认定的办法，我要求各学科组长要立足学校实际，参照下发的资料和省教厅的文件，利用网络特别关注广东、湖南等改革前沿省区名校的做法，多听取平行班任课教师的意见，在本年内（即 12 月 30 日）必须形成学科认定的方案。

认真研读，借鉴部分名校关于学分的具体做法。我从网上下载了广东《深圳市红岭中学高中学分认定方案》、陕西省《城固一中高中新课程学分认定与管理办法》、福建省《仙游一中普通高中新课程学分认定和管理方案》、浙江省《温州中学学分管理制度方案》等。各学科组仔细研读这些学校在学分管理方面的具体做法，并迅速投入学分细则制定之中。

3. 各方谋划，充分研讨，勾画方案

到 11 月 8 日，各学科组的学分初稿上交到教科室，汇总形成了《达县石桥中学学分管理方案》（第一稿，学分管理方案的雏形）。各学科的方案内容翔实，办法可行；但该办法因具有学科特色和参照的范本不同而内容（特别是在政策上）有差异，无法形成统一的、能够指导全校的方案。针对这种情况，我采纳了《达县石桥中学学分管理办法》（第一稿，学分管理的雏形）中各学科的共性，结合学校实际，认真研读各学科的个性，在汇总各方意见的基础上，我经过艰辛努力，终于在 2010 年 1 月 22 日完成《达县石桥中学高中阶段学科学分认定实施暂行办法》（第二稿）。它为学校最终的学分细则奠定了基础，提供了蓝本。该条例包括：

机构设置，必修与选修、综合实践课程的过程管理与阶段测试，补考等的内容。过程管理（30%）主要包括学生的出勤（5%）、完成作业情况（10%）及课堂中的表现（15%）三部分，阶段测试（70%）包括课堂测试（3%）、月考（7%）、中期考试（15%）、模块考试（35%）及学习反思（10%）（十表一册）。2010年1月24日，王校长召集学分认定委员会的全体成员，在教学东楼二楼会议室开会，征求意见，会议表决通过了《达县石桥中学高中阶段学科学分认定实施暂行办法》（第二稿）（以下简称《办法》）。

与此同时，我从2010年1月5日到1月15日利用每天下午读报时间，在各班找来30名学生（成绩好、表现好的占10名；成绩差、表现差的占10名；这两者之间的占10名）填写问卷调查表，就学分办法征求学生的意见。从2010年1月25日起到1月29日，利用晚自习，我组织高中各学科教研组长和学科资深教师学习《办法》，并就《办法》一科一科地认真研讨，广泛听取意见。

4. 研读文件，破解疑难，完善方案

为详尽掌握新课改的相关政策，做到心中有数，在制定学分管理时不走样，我认真研读《四川省普通高中课程改革实用知识问答》和市教育局下发的《达州市教育局关于普通高中学分管理的意见》（征求稿），并把《达县石桥中学高中阶段学科学分认定实施暂行办法》（第二稿）与之比对，找出两稿的相同部分，作为我校学分管理最终方案的重要内容。对不同部分的处理，以《达州市教育局关于普通高中学分管理的意见》（征求稿）为准；反复斟酌研究我校学分条例中与市里的管理意见的不同部分，一些较好的内容，只要不与国家新课改的政策相抵触，就采用；对于与国家新课改政策相抵触的部分，我参照课改先行省区的做法和省里的政策文件，而不是一味地盲从，在最终方案中有一定的体现。

《暂行办法》在实施中出现了许多问题，如艺术、体育、技术无法量化作业的问题，理化生及通技实验操作的量化问题及与其他学科学分比例的认定问题等，针对这些问题，我再次牵头年级组对问题进行梳理，并与教研组和部分学科教师商讨对策，化解矛盾，于3月26日出台了《达县石桥中学高中新课程模块修习学分认定与管理实施细则（讨论稿）》，并修改了量表。考核标准虽然制定了，它们是否能够有效考核学生在出勤、课堂表现、作业完成及社会实践活动等方面的表现，给学生一个客观、公正、公平的评判呢？答案只有一个，那就是必须结合实际，

达县石桥中学高中新课程学分管理的实践与研究

做到具体问题具体分析，在实践中不断修改完善细则、量表及标准。因此，为了使它们反映实际，课题组把出勤、课堂表现、作业完成及社会实践活动划分为四块，一块一块地开展实验、教学量化考核，每次开展的探究活动都要进行评议，根据评议结果修改量表与考核标准，择机进行二次实验和异班考核论证。在反复实践基础上，先总结经验教训，再返回实践中检验、修正后，经过全组成员集思广益。

同时，我多方求助，破解难题，完善方案。在修改过程中碰到了困难，遇到了许多难题。面对困难，我并没有退缩，而是想方设法去化解难题，电话咨询省、市、县教育主管部门。如市教育局的意见征求稿中三.2"学业水平测试"与省里的"学业水平考试"之间的关系。通过电话咨询省教育厅、市教育局，同时查找相关文件，我们才知道省里的"学业水平考试"相当于课改前的会考，而市里制定的学分管理意见中的"学业水平测试"则指的是每个模块学完后，学校组织的考试；有的是在运用中解决的，如模块测试的补考问题；有的难题，头天解决了，我们在征求部分任课教师意见时，又被老师们推翻了，又只好从头来。如在具体制定学习过程性表现"听说能力和实验操作测试"时，由于数学、政治、历史、地理没有这一栏的相关要求不适用，对于"作业质量含作业完成的次数和质量"这一栏，音、体、美及信息技术及通用技术都没有，如何解决这一矛盾，寻求一个兼顾各门学科的方案呢？我疯狂地在网上搜索，查找破解矛盾的相关对策，花了近1周的时间，全方位思考，不断修改，才最终形成。

探索适合我校校情、反映教师与学生及课堂教学实际的学情的最终的学分认定与管理办法的重任还压在我、高2009级及高2010级老师们的身上，需要在曲折中奋进，在艰难中前行。

（二）多管齐下，执行方案

1. 加大宣传，以利执行

（1）宣讲实施主管部门推行学分管理的重要性

学分管理是新课程全面实行学业成绩与成长记录相结合的综合评价方式之一，是为适应社会发展提出的对人才培养的需求，全面推进素质教育，贯彻执行国家课程计划和新课程标准，调整和改革课程体系，优化学生知识结构的有效举措。同时，学分管理有利于学生的发展。在保证高中学生基本学业的基础上，把学习过程与学习结果并重考核，有利于培养学生的学习习惯，规范学生的日常行为，改善学生的学习态度，能够满足学生个性化发展的需求，发展学生的个性特长，从而调动学生学习的积极性和主动性，促进学生全面发展和特长发展，培养学生的创新精神和实践能力；学分管理有利于把任课教师和班主任从烦琐的课堂管理中解放出来，全身心投入课堂教学，利于提高课堂教学效率。

（2）强调我校实施学分管理的必要性

提高学生素质。在学分管理下，绝大多数学生能够避免或减少自己的迟到、早退、旷课与请假次数，自觉遵守课堂纪律，积极参与课堂发言，认真完成课堂作业；促进了学生学习的积极性，增强学习的主动性，提高了学生素质。

方便教师的教学。对于老师来说，运用学分管理课堂，就是把课堂管理的主动权交给了老师，让老师对学生的课堂出勤和课堂参与进行考核，掌控课堂秩序；从管理中解脱出来，集中精力为学生讲授知识，提高课堂教学效率。

完善学生的档案资料。按照四川省人民政府和省教育厅的相关规定，普通高中学生在每期相应学科模块的学分记录，既要上报省教育厅学籍管理平台，还要装入学生的成长记录袋，高中毕业后这些资料作为学生的高中档案被送入学生所考的大学。

2. 开展细则培训，强化操作指导

（1）2010年3月12日，学校出台《达县石桥中学高中新课程模块修习学分认定与管理实施细则（讨论稿）》后，学分认定管理委员会立即会同高2009级年级组及全体教师认真学习。

（2）2010年3月25日我制定《达县石桥中高中新课程学分认定与管理诚信制度》和《达县石桥中学任课教师或指导教师新课程管理诚信承诺书》（讨论稿），征求高2009级年级组教师们的意见。

（3）我下发《四川省普通高中课程改革资料汇编》《四川省普通高中课程改革实用知识问答》到年级组，要求年级组要组织教师认真学习。

3. 关于各种表册的具体操作

（1）《达县石桥中学高中各学科模块修习过程管理手册》。此表每月一册，以周为单位，内容出勤、课堂表现、作业完成三部分内容，按注操作即可。此表是期末评定学生学段成绩和学分认定的重要资料。

达县石桥中学高中新课程学分管理的实践与研究

（2）《达县石桥中学高中各学科学期模块修习得分统计表》。此表分三类：语数、英、政、史、地六科为一类；理化生及通用技术为一类；其余音、体、美及信息技术为一类。都有过程性评价一栏，前两类还有检测得分；后一栏在该部分只有模块得分。按照注填表即可。

（3）《达县石桥中学高＿＿级学生第＿＿学期模块修习成绩报告单》和《达县石桥中学高＿＿级学生模块修习学分认定表》。这是一套表，其填写分四步：

第一步，在班主任的指导下，学生将各学科的相关数据填入《达县石桥中学高级学生第（）学期修习成绩报告单》；召开学习小组会议，组织填写《达县石桥中学高级学生模块修习学分认定表》中的学生自评和同学互评；

第二步，在学生评价的基础上，任课教师在"任课教师评价"栏内填写并签字，上交年级组；

第三步，年级组将收到的表册按照类别—学科—班级进行整理，交学校教科室；

第四步，教科室组织学校学分认定委员会工作执行小组加盖公章，将不予认定的学生公示，学生无异议，一周后年级组组织补考。教科室将所有学生的这两表交学校学籍管理员装入学校档案室。

（4）年级组学分认定工作组组织各班填写《达县石桥中学高级学生第（）学期模块修习成绩认定告家长通知单》，相关处室加盖公章后，由班主任寄往学生家庭。

（5）《达县石桥中学高中学生第＿＿学年（研究性学习、社会实践活动、社区服务）活动记录表》和《达县石桥中学高中各学科模块修习过程管理综合实践考核登记表》。此两表配套使用，由专人填写，每次开展活动的相关资料记录在相应的表中，活动结束后由相应处室加盖公章。每学年结束时，此两表交年级组，作为认定学分的重要依据。

（三）存在问题

普通高中课程改革新增因素多，各种困难和矛盾错综复杂，因此，必须调动、依靠与整合包括有关高校、教科所、教研室等各种专业力量，构建起课程实施的专业支持体系，为政府的教育决策当好参谋，对普通高中学校的教育实践提供全程跟踪的指导服务。

一年来，在实施管理过程中，我们遇到过许多困惑，破解了不少的难题，有的难题非常棘手，一时还找不到较好的对策，但我们从不轻言放弃，一直在不断地追求中。

1. 学分过程管理的认识与落实问题

当前，许多老师认为每节课带上表册，每节课都要填写，太麻烦了。有的老师上课时经常忘记带表册。

这实质是我们教师思想认识没有到位的问题。对此，我一方面利用年级组会和年级教师会宣讲每节课带表并认真填写的重要性，另一方面要求每天行政查课时，必须考核任课教师是否带表册上课，对没有带表册上课的教师要公示。

2. 修习过程考核表的量化及细化问题

课堂出勤、课堂参与和违纪、作业完成及语言表达所划分的等级是我们在制定和修改中，征求任课教师和部分学生的意见后形成的，将课堂管理中出现的情况基本考虑到了，但在执行的过程中，却有出入。如：学生请假短时间可以量化，长假又该如何量化呢？量化及细化学生的作业完成的情况，问题就更多了。如有的同学交空本子，当老师清查时，他回答做不来等弄得老师不太好处理。

3. 学生自评、小组评价以及任课教师评价可能流于形式

一方面，任课教师所教班级数多且班级学生数也多，很难对每个学生的修习过程表现都做出全面、客观的评价；另一方面，教师和学生对学生自评、小组评价和教师评价的功能意义认识不到位，思想上不重视，觉得操作起来工作量大，过于烦琐。

4. 模块考试试题的难度控制问题

模块考试试题的难度不好控制，如果试题较难，会导致大部分学生模块考试不合格，补考面太大，不利于学分认定；如果试题太简单，学生发展的差异性又得不到体现，不利于不同层次的学生得到最大限度的发展。

5. 档案资料的管理问题

学分认定的纸质材料太多，给资料保存和档案管理带来了新的问题。

6. 片面追求升学率的问题

当前，片面追求升学率，在社会上还有普遍性。在这种大环境下，高中学分

认定并不能解除高考对学生的压力,难以孤军突破。高校仍然依据高考分数招生,社会仍以升学率对学校进行教育教学质量的片面评价。在学分认定试行的实践中,认真执行的一些学校,高一、高二搞学分,高三阶段拼考分的现象也时有发生。因此,学分认定与高考如何挂钩是不可回避的现实问题。

7. 办学条件的制约

总体上讲,要有效实施学分认定,目前许多普通高中的办学条件要首先得到改善,包括校舍、场地、设施、师资,特别是农村地区的学校。学分认定要求学校开设出足够供学生选择的课程,然而有的学校由于校舍小、资金少、教师缺乏或教师素质低等原因连艺术课、计算机课、音乐课等选修课程都不能开设齐全,这样必然不能实现高中学分认定的初衷。

8. 教师面临的挑战

引入学分认定后,教师除了要完成常规的大量授课任务、进行培训和作业批改、考试等外,他们还被要求开设出足够数量和高质量的、适合学生特点、符合学生发展兴趣的选修课程,需要创造性地开展大量的工作,包括课程指南的编制、学分计算、课程考核与评价、指导学生等系列问题。因此,教师课程开发能力究竟怎么样,能否开发出一批有价值的校本课程,对教师素质是一个直接挑战。这不仅大大增加了教师的工作量,也成为高中实行学分认定中面临的实实在在的困难和挑战。

针对这种情况,我们的对策是在学校资源有限的情况下,加强在课程设置之前对学生学习愿望的深入了解,做好归纳分析,使学校开设的课程真正实现满足学生的多样化选择的需求。

(四)下一步的工作计划

(1)继续在实践中探索和完善各项管理措施,不断修改各种相关表册,简化程序,增强操作的实效性。

(2)在现有认识的基础上,在学分管理的实践中深化认识,使之上升为理论。

(3)配合学分管理细则的推行,积极探索适合我校特色的学生素质综合评价模式。

(4)规范学分管理细则与综合评价方案操作中的人为因素问题(学生、任课教师、班主任、部门领导、学校领导)。

（五）可预期的成果

1. 理论认识成果

经过一年的管理实践,课题组认为,高中新课改的管理及实施可以概括为"一个中心,两条主线"。

高中新课程改革的实质是体现"一个中心",在高中新课程改革中,无论是课程设置、过程管理还是对学生综合素质的评价等都始终围绕"坚持以学生的发展为本"这个中心。

管理要抓好"两条主线"。落实新课程改革的要求,在常规的教育教学管理中,主要是抓好两条主线,即一是抓好学生的综合素质的评价工作,二是抓好学生在各领域的修习状况及学分认定。其中,抓好学生综合素质的评价,其实质主要是考察学生的思想素质,要求班主任和任课教师在平常的教育教学中要关注学生的思想素质;抓好学生在各领域的修习状况及学分认定,其实质主要是抓好、管好、用好课堂,即围绕课堂这一教学的中心环节贯彻新的课堂教学观和教育价值观,促进师生之间的共同发展。

2. 实践操作成果

制定了一系列操作性强的可行性措施:经过一年的实践,我们认真领会省、市关于新课改相关文件精神,参照外省课改先行地区和学校经验,结合我校实际,经历了制定—实践—修改—再实践的艰难探索,最终形成了一下操作性较强的方案措施。

（1）制定了相关实施细则

①《达县石桥中学高中新课程模块修习学分认定与管理实施细则》(讨论稿)

②制定《达县石桥中高中新课程学分认定与管理诚信制度》(讨论稿)

③《达县石桥中学任课教师或指导教师新课程管理诚信承诺书》(讨论稿)

（2）制定了相关表册

①达县石桥中学高中各学科模块修习过程管理手册

②达县石桥中学高中各学科学期模块修习得分统计表

③达县石桥中学高＿＿级学生第＿＿学年模块修习成绩报告单

④达县石桥中学高＿＿级学生模块修习学分认定表

⑤达县石桥中学高___级学生第___学期模块修习学分认定告家长通知单

⑥达县石桥中学高中各学科模块修习过程管理综合实践考核登记表

⑦达县石桥中学高中学生第___学年（研究性学习、社会实践活动、社区服务）活动记录表

三、重要变更

经过一年的实践活动，研究工作取得了一些初步的成绩，课题研究中期目标已经完成。但是，经过慎重的思考，我们发现一些概念的界定不够清楚，开题报告和课题研究方案中研究目标的设置存在一些问题，因而研究内容也做了一定的调整。鉴于这些原因，本课题在下一阶段的工作中，必须对相关概念界定、研究目标、研究内容以及研究计划做如下变更：

1. 相关课题概念界定的变更

新课程：新课程是针对我国新课改而重新编写教材和设定教学科目的统称，有新的大纲相配套。它是为真正落实我国素质教育而由国家中小学教研组统一编写和设定的课程模式；在新课程背景下，中小学教师要学习新的教学理念，采用新的教学方法，才能适应新课程的教学。

学分：是用于计算学生学习量的一种计量单位，按学期计算，每门课程及实践环节的具体学分数以专业教学计划的规定为准。通过学分可以评判学生在某学期期间的学习知识的广度，学生获得的学分越多，说明学生学到的东西也就越多。在某些学校中，学分也变成了评价学生优秀程度的一个重要标准。在不同国家及大学与中学涉及的内容与权重是不一样的。

学分管理：学分管理的实现是通过考核学生在"特定的阶段中的行为表现"来完成的。所谓"特定的阶段"在课题研究中即指出勤、课堂教学、作业完成、社会实践活动着四个阶段。这就是说，学分管理要研究学生平时在出勤表现出的"行为方式"、在课堂教学中展现出的"学习行为及课堂表现"、在作业完成中反映出的"对学习与作业的态度及完成作业的质量"及在社会实践活动中记录的"行为与表现"，探索建立学分对学生在"特定阶段中的行为表现"的管理与评价机制，让学生在体验与感受中收获知识，发展自己的核心素养。

第一部分 课题综述

2. 课题研究目标的变更

（1）通过问卷调查，了解在高中新课程教学过程中学生在出勤、课堂学习及表现、完成作业的态度与质量、社会实践活动中学生的行为与教师的教育与引导的现状，厘清存在的问题并找到问题的症结所在。

（2）通过开展行动研究，摸索出一套在高中新课程学习过程考核教师和学生的有效措施。

（3）探索并完善具有可操作性的评价机制（方案）。

3. 研究内容的变更

本课题打算着重围绕课堂教学，关注学分管理实践中学生的行为、教师的行为及评价机制开展了以下三方面的工作：

（1）研究学分管理实践中的学生行为。具体从以下四方面展开工作：

① 基于学生在出勤方面常态行为而探索的管理对策；

② 基于学生在课堂中的学习行为和课堂表现而探索的应对之策；

③ 学生在作业完成中的态度及质量策略；

④ 学生在社会实践活动中的行为表现及过程记录探索。

（2）研究学分管理实践中的教师行为。着手从以下四方面展开研究：

① 探索教师对学生出勤方面的教育与管理对策；

② 基于学生在课堂中的学习行为和课堂表现而探索对教师管理的应对之策；

③ 强化教师在批改学生作业中的态度及批改质量的应对策略；

④ 关注教师对学生社会实践活动的引导及管理的探索。

（3）探索与制定学分管理与评价机制（方案）

制定高中新课程实施过程中学分管理对学生的行为和教师的行为的评价机制（方案）。

研究重点：

探索基于新课程学习的教师教学行为和学生行为的学分管理及评价方案。

难点估计：

基于学分管理中的教师行为和学生行为的设计，由于校情差异大，可借鉴的经验少，需要大胆地创新。

学分管理及评价机制的探索是一项系统工程，任务重、难度大。

71

解决对策：

（1）在广泛调查的基础上，厘清问题的症结，扎实开展行动研究，在实践中形成经验，再结合理论学习进行反思，并回归到实践中接受再检验。

（2）加强理论研修，确定本课题研究目标、意义、研究方法，必要的时候再走出去借鉴兄弟学校的一些经验或请有关专家来进行指导。

4. 关于研究计划的变更

本课题的实质性研究工作从 2009 年 4 月撰写研究方案算起到 2010 年 4 月，历时一年，前后时间间隔较短，所做的主要是理论研修，先后制订了三份学分管理方案，制定了相关量表，但完善的学分管理方案仍在探索中，故将中期工作由原先计划的第二阶段调整到第三阶段（2010 年 4 月）。

四、所在单位意见

研究源于解决新课程学习中的矛盾与问题，所采取的对策与方案符合实际、所开展的研讨活动针对性强，学校认为《达县石桥中学高中新课改学分认定与管理的实践与研究》前半期工作已经完成。研究所开展的工作是扎实的，效果是显著的，在理论与实践方面均取得了一定的成绩，对相关年级的学生学科素养的形成和学习的提高产生了积极的影响，对学校的教学与管理产生了辐射与引领作用。

在今后的工作中，我们任重而道远，沿着有新意、讲科学的思路继续将课题的研究成果和研究精神延续到研究工作中去，以全新的理念、积极的态度做好结题工作。实事求是、富有新意地撰写工作报告、研究报告、结题报告，为结题交上一份满意的答卷，也为继续推进学校的科学发展做出贡献。

2010 年 4 月 25 日

第二部分　三个阶段

达县石桥中学高中新课程学分管理的实践与研究

第一阶段：材料

达县石桥中学学科学分管理方案
（第一稿，学分管理方案的雏形）

下面逐一介绍这些方案：

一、达县石桥中学高中物理学科课程设置与学分认定实施方案

（一）课程简介

高中物理是普通高中科学学习领域的一门基础课程，与九年义务教育物理或科学课程相衔接，旨在进一步提高学生的科学素养。

高中物理课程有助于学生继续学习基本的物理知识与技能；体验科学探究过程，了解科学研究方法；增强创新意识和实践能力，发展探索自然、理解自然的兴趣与热情；认识物理学对科技进步以及文化、经济和社会发展的影响；为终身发展，形成科学世界观和科学价值观打下基础。

课程总目标为：学习终身发展必备的物理基础知识和技能，了解这些知识与技能在生活、生产中的应用，关注科学技术的现状及发展趋势；学习科学探究方法，发展自主学习能力，养成良好的思维习惯，能运用物理知识和科学探究方法解决一些问题；发展好奇心与求知欲，发展科学探索兴趣，有坚持真理、勇于创新、实事求是的科学态度与科学精神，有振兴中华，将科学服务于人类的社会责任感；了解科学与技术、经济和社会的互动作用，认识人与自然、社会的关系，有可持续发展意识和全球观念。

（二）课程内容

高中物理课程共包含 12 个模块，其中物理 1 与物理 2 为共同必修模块；选修系列 1 包含两个模块，突出物理学的人文特色；选修系列 2 包含三个模块，侧重从技术应用的角度展示物理学；选修系列 3 包含五个模块，侧重让学生较全面地学习物理学的内容。由于必修需要达到 6 学分，因而全体学生在学完两个共同必修模块后，还需要在三个选修系列中至少选择一个模块进行学习。

（三）教材介绍

必修教材采用人教版《普通高中课程标准实验教科书物理》，这是全体高中学生的共同学习内容。在该模块中，学生通过学习运动描述、相互作用与运动规律、机械能和能源、抛体运动与圆周运动、经典力学的成就与局限性等物理学的核心内容，经历一些科学探究活动，初步了解物理学的特点和研究方法，体会物理学在生活和生产中的应用以及对社会发展的影响，同时为下一步选学模块做准备。

选修教材采用上海科技教育出版社的选修系列。

物理 1 系列，学生通过体验探究过程，了解物理科学与人类社会的互动关系，体现科学精神与人文精神的结合，从思想、观念、方法层面上提升学生的科学素养和人文素养；精选典型史料和活动，在处理好"亲历"与"追溯"关系的基础上，着重展现科学发现过程；通过翔实的资料，凸显科学、技术、社会的互动关系，形成正确的科学观，体会人类不懈的探索精神；让学生在"读、做、悟、创"中，感悟人类追求简单、和谐、统一的思维方法，培养学生的科学世界观。

物理 2 系列，学生通过参与物理学的技术应用活动，学习与技术直接相关的物理知识，理解物理与技术的互动关系，提升学生技术设计、制作和创新的能力；侧重从技术应用层面，结合具体的技术产品的设计、制作等活动，让学生在"做"中学习物理学；强化实践活动，培养学生的创新精神与实践能力，开发学生的技术创造潜能和兴趣；突出物理学的应用性与实践性，展示物理学在高科技领域的广泛应用，让学生感受物理与技术结合的魅力。

物理 3 系列，学生通过经历物理学的实证研究和理性思维过程，学习物理学的基本内容和研究方法，了解物理学与社会发展、科学技术进步的关系。通过比较完整的、系统的物理探究活动，学习物理学的核心内容，落实三维目标。让学生在物理实验、理论思维与数学方法应用等方面得到比较充分的训练，学习探索物理世界的方法和策略。更多地关注物理学与科技发展的前沿,培养和发展学生的科学志趣和将科学服务于人类的意识。

(四) 课程设置

全体学生完成共同必修模块物理1和物理2的学习后,获得4个必修学分,接着必须从选修1—1和选修3—1中选择修习1个模块,完成余下的2个必修学分。

完成必修学分的学习后,建议学生根据学习兴趣、能力发展倾向以及学校的条件,从下列两个方案中选择一个方案选修。同时,学生还可以根据自身情况的变化,在教师的指导下,调整选学的方向。

方案一:人文社会科学发展倾向的学生。选择修习选修1—2模块(建议在选择修习选修1—1模块后再选择修习该模块)

方案二:理工科发展倾向的学生。选择修习选修3—2、选修3—4、选修3—5(建议在选择修习选修3—1模块后再选择修习该模块)

注:为了让学有所长的学生得到更充分的发展,又提高教学效益,根据具体情况将物理实验专题及物理专题研修作为校本选修课程开设。

(五) 教学评价

1. 教学评价

物理课程的评价从知识与技能、过程与方法、情感态度与价值观三方面进行。注重适应时代发展需要的基础知识和基本技能,强调知识和技能在生活、生产中的应用。评价有助于学生对科学过程和物理知识的理解;有助于学生发展科学探究和实验能力;有助于学生运用物理知识、科学探究方法、实验技能解决学习、生活中的问题;有助于学生发展科学的思维能力;有助于学生保持好奇心与求知欲,发展科学探索兴趣;有助于培养学生坚持真理、勇于创新、实事求是的科学精神。

评价关注学生对概念、原理、规律的理解和应用,提高物理实验的基本技能,对物理学基本思想和观点的了解等。测验和考试命题注重理解和应用,设计有利于学生思维发展、联系生活和社会的开放性试题;不过多考查记忆性内容,不在枝节问题上纠缠,故意设置误区。

重视评价学生的科学探究能力、实验能力、分析和解决问题的能力,以及在科学探究与学习过程中,应用物理学研究方法、数学工具的能力。客观记录学生提出的问题以及在理论学习、物理实验、小论文、小制作和科学探究等活动中的表现,关注学生的观察和实验的能力、提出问题的能力、做出猜想和假设的能力、收集信息和处理信息的能力、交流的能力等。学生参与评价活动,通过记录学习过程,记录有代表性的事实,展示自己学习的进步。

评价关注形成性评价与终结性评价的结合,不仅要关注学生获得了什么,而且应该记录学生参加了哪些活动、投入的程度如何、在活动中有什么表现和进步等情况。动态观察学生在学习过程中的表现,细心了解其内心活动的变化,记录学生的每一点进步,并与过去相关的记录进行比较。

2. 学分评定方案

物理科学分评定由过程性评定和终结性评定构成。其中过程性评定占40%,终结性评定占60%。

(1)过程性评定

过程性评定从出勤情况、作业情况、过程与态度等三个方面进行评定,共100分。

① 出勤情况(30分)

出满勤记30分,无故迟到、早退各一次扣0.5分,旷课一节扣1分,旷课一天扣5分,扣完为止,由指定学生做考勤员负责记录、初评,任课教师审核、评定。经批准的病、事假,学生事后补修所缺课时的,不扣分;若在模块学习前提出免于参加课时学习的申请,经学校批准后,可以免于参加授课学习,该项记满分;若旷课总节数超过总课时的1/3时,不能取得该模块学分。

② 作业情况(30分)

A. 作业质量(10分),由任课教师综合学习课时内的作业质量情况评定

B. 作业完成情况(20分)

能独立自主完成老师布置的作业,并按时上交,得20分;无故不交作业一次扣1分,未向任课教师提出申请而迟交作业每次扣0.5分,抄袭作业每次扣4分,扣完为止。由小组长和科代表完成记录、初评,任课教师审核、评定。

达县石桥中学高中新课程学分管理的实践与研究

③过程与态度（40分）

对学生在模块学习的过程进行评价。主要从课堂表现、态度和方法、合作精神、创新能力等方面综合评定。

课堂表现的评价可从听课态度、记笔记情况、课堂参与程度、遵守课堂纪律、踊跃发言等方面进行评定。

学习态度可从学习目的性、学习兴趣、自信心、学习毅力和自制力、学习计划性、合作精神等方面全面考察学生的学习情感态度。

学习方法可从学习方法和技能的掌握、学习方法的积累和提高、知识的理解与创新、学习的反思与总结等方面考察学生的学习方法和技能。

具体按《高中物理模块学习过程性评价报告》的所列项目实施。

高中物理模块学习过程性评价报告

模块名称		班级		学号	
评价项目		评价等级	参考依据	执行标准	
自我评价	参与程度		积极主动地反思学习过程，优化自己的学习方法，勤奋刻苦对待学习有浓厚的兴趣和热情，旺盛的求知欲 学科学习目标明确，充分把握学习时间	参与程度：踊跃发表个人意见，敢于提出问题；积极动手，敢于改造实验 合作意识：主动配合教师、同学，互相促进；积极参与讨论和探究，愿意帮助同学，主动分担任务 探究意识：能通过个人思考或与同学的讨论进行探究活动；善于观察，合理猜想并验证；思维活跃、有创造性，反应灵敏；积极探索，坚持真理 实验技能：设计实验方案；实验操作技能完成实验的能力；实验报告	
	合作意识				
	探究意识				
	实验技能				
小组评价	参与程度				
	合作意识				
	探究意识				
	实验技能				
评价态度	个性素养	公平、公正、如实地进行自我评价和评价他人			
	评价过程	认真负责，诚信能经受考验，有耐力、踏实，不断进取突出表现进步程度相关特长			

注：A为优秀；B为良好；C为一般；D为有待改进。

（2）终结性评定

终结性评定由学校统一组织进行纸笔测试，满分100分。由学科备课组负责命题、评卷，并给出成绩。终结性评定由平时测试、期中测试和期末测试构成，其中平时测试占30%，期中测试占30%，期末测试占40%。

（3）综合评定分

综合评定分 = 过程性评定 ×40%+ 终结性评定 ×60%

学生的学科综合评定分在 60 分以上的，给予该模块满学分；在 60 分以下的不给予学分。

（六）校本课程

1. 高一物理竞赛

课程目标：为高一学有余力、对物理感兴趣的学生提供个性发展的平台；培养学生的思维能力、解题能力、逻辑能力；初步理解物理竞赛的内容、组织方式、学习特点，打好扎实的物理基础

课程内容：系统阐述高中物理知识，并按竞赛要求拓展提高

课程评价：过程性评价和终结性评价相结合

课时数：18 课时

适用年级：高一

2. 高一物理竞赛

课程目标：熟悉初赛试题的题型，掌握竞赛题的解题方法和解题思路；理解相关的物理知识，构建系统化的物理知识体系

课程内容：按全国初赛的竞赛要求讲授相关的物理内容

课程评价：过程性评价和终结性评价相结合

课时数：18 课时

适用年级：高一

3. 实验物理

课程目标：使学生较为深入地学习物理实验的有关理论、方法和技能；进一步提高学生的实验素养，激发学生实验探究的兴趣；增强学生的创新意识；培养学生实事求是、严谨认真的科学态度；养成交流与合作的良好习惯；发展学生的实践能力。

课程评价：过程性评价和终结性评价相结合。

4. 物理专题研修

课程目标：发展学生自主学习能力和独立探究能力。

课程内容：由学生自主确定学习内容；独立阅读教科书和研修其他学习资料；在教师指导下主动收集探究的相关信息；独立操作实验；结合自己的原有认知对所获得的信息进行选择、加工和处理。

课程评价：过程性评价和终结性评价相结合。

5. 生活中的物理

课程目标：用学到的物理知识来解决实际生活中的问题，从学生的生活经验和已有的知识点出发，联系生活讲物理，把生活经验物理化，物理问题生活化。

课程内容：生活与物理。

课程评价：以过程性评价为主。

二、达县石桥中学高中数学学科课程设置与学分认定方案

（一）课程目标

高中数学课程的总目标是：使学生在九年义务教育数学课程的基础上，进一步提高作为未来公民所必要的数学素养，以满足个人发展与社会进步的需要。具体目标如下：

获得必要的数学基础知识和基本技能，理解基本的数学概念、数学结论的本质，了解概念、结论等产生的背景、应用，体会其中所蕴含的数学思想和方法，以及它们在后续学习中的作用。通过不同形式的自主学习、探究活动，体验数学发现和创造的历程。

提高空间想象、抽象概括、推理论证、运算求解、数据处理等基本能力。

提高数学提出、分析和解决问题（包括简单的实际问题）的能力，数学表达和交流的能力，发展独立获取数学知识的能力。

发展数学应用意识和创新意识，力求对现实世界中蕴含的一些数学模式进行思考和做出判断。

提高学习数学的兴趣，树立学好数学的信心，形成锲而不舍的钻研精神和科学态度。

具有一定的数学视野,逐步认识数学的科学价值、应用价值和文化价值,形成批判性的思维习惯,崇尚数学的理性精神,体会数学的美学意义,从而进一步树立辩证唯物主义和历史唯物主义世界观。

(二)课程内容

高中数学课程分必修和选修。包括五个模块,选修课分四个系列。

四川省普通高中新课程实验第一阶段模块设置表如下:

科目	修习时段	学习领域
数学	高一上	必修1 必修4(文理同)
数学	高一下	必修2 必修5(文理同)
数学	高二上	必修3 (文理同) 选修1—2(文)选修2—3(理)
数学	高二下	选修1—1(文)选修2—1 选修2—2(理)
数学	高三上	总复习
数学	高三下	总复习

说明:选修I学分分解为选修IA、选修IB和选修IC三部分,IA是列入高考命题范围所对应的学分;选修IB是全省学校统一开设供学生选择的模块所对应的学分,学生至少获得12个选修IB学分;选修IC是各学校视条件开设供学生选择的模块所对应的学分。

(三)教材分析

目前我省的数学教材统一使用人教版,此教材是针对学生的兴趣、志向与自身条件不同,不同的高校、不同专业对数学方面的要求也不同,甚至同一专业对学生数学方面的要求也不一定相同。

随着时代的发展,无论是自然科学、技术科学等方面,还是在人文科学、社会科学等方面,都需要一些具有较高数学素养的学生,这对社会、科学技术的发展都具有重要的作用。因此高中数学课程应当以学生的发展为本,尊重他们的个性发展,为他们提供多元化的发展机会。

新课程数学教材要求学生可以根据个人不同的条件以及不同的兴趣,在高中阶段选择不同的课程组合,具体如下:

理工、经济类:必修1—5+选修2—1+选修2—2+选修2—3+选修4—4+选修4—5,共20学分

人文、社科类：必修 1—5+ 选修 1—1+ 选修 1—2+ 选修 3—1+ 选修 4—5，共 18 学分

（四）课程设置

1. 必修模块

必修课共 5 个模块，10 个学分，每个高中毕业生都必须完成。

模块类型	模块	内容
必修模块	数学 1	集合、函数概念与基本初等函数 I（指数函数、对数函数、幂函数）
	数学 2	立体几何初步、平面解析几何初步
	数学 3	算法初步、统计、概率
	数学 4	基础初等函数 II（三角函数）、平面上的向量、三角恒等变换
	数学 5	解三角形、数列、不等式

2. 选修模块

选修模块分 4 个系列

模块类型	模块	内容
选修模块	选修 1—1	常用逻辑用语、圆锥曲线与方程、导数及其应用
	选修 1—2	统计案例、推理与证明、数系的扩充与复数的引入、框图
	选修 2—1	常用逻辑用语、圆锥曲线与方程、空间中的向量与立体几何
	选修 2—2	导数及其应用、推理与证明、数系的扩充与复数的引入
	选修 2—3	计数原理、统计案例、概率
	选修 3—1	数学史选讲
	选修 4—4	坐标系与参数方程
	选修 4—5	不等式选讲

选修系列1是在学完必修课后，为今后希望从事人文科学、社会科学的学生开设的。

选修系列2是在学生完成必修课后，为今后希望从事理工和经济类的学生开设的。

选修3—1是通过生动、丰富的事例，了解数学发展过程中若干重要事件、重要人物与重要成果，初步了解数学产生与发展过程，体会数学对人类文明发展的作用，提高学习数学的兴趣，加深对数学的理解，感受数学家的严谨态度和锲而不舍的探索精神。

选修4—4是解析几何的基础，在坐标系中，可以用有序实数对确定点的位置，进而用方程刻画几何图形。为便于用代数的方法刻画几何图形或描述自然现象，需要建立不同的坐标系，除直角坐标系外还有极坐标系、柱坐标系、球坐标系等。参数方程是曲线方程的另一种形式，它们在研究曲线时有着重要作用。本专题是解析几何、平面向量、三解函数等内容的综合应用和进一步深化。

选修4—5意在自然界中存在着大量的不等量关系和等量关系，不等量关系是基本的数学关系。它们在数学研究和数学应用中起着重要作用。本专题介绍一些重要不等式（二角不等式、柯西不等式、排序不等式）的证明、应用和几何背景。了解证明不等式的基本方法：比较法、综合法、分析法、反证法、放缩法和数学归纳法。提高学生的逻辑思维能力和分析问题的能力。

3. 三年课程分学段设置表

高一数学课程开设情况

上学期	下学期
第一学段必修1（4课时/周）2学分	第三学段必修5（4课时/周）2学分
第二学段必修4（4课时/周）2学分	第四学段必修2（4课时/周）2学分

高二数学课程开设情况

上学期	下学期
第一学段必修3（4课时/周）2学分	第三学段 文：选1—1 理：选2—3（4课时/周）2学分
第二学段 文：选1—2 理：选2—2 2学分	第四学段 理：选2—2（4课时/周）2学分

高三数学课程开设情况
　　　　　上学期　　　　　　　　　　　　下学期
第一学段文：3—1 理：4—4 2学分　　　总复习
第二学段文：4—5 理：4—5 2学分

（五）教学评价

高中数学课程评价既要促进全体高中学生在科学素养各个方面的共同发展，又要有利于高中学生的个性发展。积极倡导评价目标多元化和评价方式的多样化，坚持终结性评价与过程性评价相结合、定性评价与定量评价相结合、学生自评互评与他人评价相结合，努力将评价贯穿于化学学习的全过程。

高中数学课程倡导评价方式的多样化，可以促进学生在知识与技能、过程与方法、情感态度与价值观等方面都得到发展。这些评价方式主要包括纸笔测验、学习档案评价和活动表现评价等。

纸笔测验是一种重要而有效的评价方式。在高中教学中运用纸笔测验，重点应放在考查学生对数学基本概念、基本原理以及数学、技术与社会的相互关系的认识和理解上，而不宜放在对知识的记忆和重现上；应重视考查学生综合运用所学知识、技能和方法分析和解决问题的能力，而不单是强化解答习题的技能；应注意选择具有真实情景的综合性、开放性的问题，而不宜孤立地对基础知识和基本技能进行测试。

学习档案评价是促进学生发展的一种有效评价方式。应培养学生自主选择和收集学习档案内容的习惯，给他们表现自己学习进步的机会。学生在学习档案中可收录自己参加学习活动的重要资料，如实验设计方案、探究活动的过程记录、单元知识总结、疑难问题及其解答、有关的学习信息和资料、学习方法和策略的总结、自我评价和他人评价的结果等。

活动表现评价是一种值得倡导的评价方式。这种评价是在学生完成一系列任务（如实验、辩论、调查、设计等）的过程中进行的。它通过观察、记录和分析学生在各项学习活动中的表现，对学生的参与意识、合作精神、实验操作技能、探究能力、分析问题的思路、知识的理解和应用水平以及表达交流技能等进行评价。活动表现评价的对象可以是个人或团体，评价的内容既包括学生的活动过程又包括学生的活动结果。活动表现评价要有明确的评价目标，应体现综合性、实践性和开放性，力求在真实的活动情景和过程中对学生在知识与技能、过程与方法、情感态度与价值观等方面的进步与发展进行全面评价。

1. 过程性评定

过程性评定从出勤情况、作业情况、过程与态度等三个方面进行评定，共100分。

（1）出勤情况（30分）

出满勤记30分，无故迟到、早退各一次扣0.5分，旷课一节扣1分，旷课一天扣5分，扣完为止，由指定学生做考勤员负责记录、初评，任课教师审核、评定。经批准的病、事假，学生事后补修所缺课时的，不扣分；若在模块学习前提出免于参加课时学习的申请，经学校批准后，可以免于参加授课学习，该项记满分；若旷课总节数超过总课时的1/3时，不能取得该模块学分。

（2）作业情况（30分）

① 作业质量（10分），由任课教师综合学习课时内的作业质量情况评定

② 作业完成情况（20分）

能独立自主完成老师布置的作业，并按时上交，得20分；无故不交作业一次扣1分，未向任课教师提出申请而迟交作业每次扣0.5分，抄袭作业每次扣4分，扣完为止。由小组长和科代表完成记录、初评，任课教师审核、评定。

（3）过程与态度（40分）

对学生在模块学习的过程进行评价。主要从课堂表现、态度和方法、合作精神、创新能力等方面综合评定。

课堂表现的评价可从听课态度、记笔记情况、课堂参与程度、遵守课堂纪律、踊跃发言等方面进行评定。

学习态度可从学习目的性、学习兴趣、自信心、学习毅力和自制力、学习计划性、合作精神等方面全面考察学生的学习情感态度。

学习方法可从学习方法和技能的掌握、学习方法的积累和提高、知识的理解与创新、学习的反思与总结等方面考察学生的学习方法和技能。

2. 终结性评定

终结性评定由学校统一组织进行纸笔测试，满分100分。由学科备课组负责

命题、评卷，并给出成绩。终结性评定由平时测试、期中测试和期末测试构成，其中平时测试占30%，期中测试占30%，期末测试占40%。

3. 奖励性评定

奖励性评定的目的是促进学生的个性发展，激励学生的行为目标。奖励分由学生提出申报，相关任课教师、教研组共同认定，校学分评定小组审核。奖励分细则如下表：

项目	级别	奖励分
数学奥林匹克竞赛	区级	5
	市级	10
	省级	20
	全国级及以上	30
数学论文、专著发表		10~20

说明：

（1）奥赛指的是全国初赛四川赛区级别以上的竞赛；

（2）作品发表是指在公开刊物、杂志、报纸或其他媒体上发表作品；

（3）一项成绩不重复奖励学分，只给予最高级别的奖励学分。

4. 综合评定分

综合评定分 = 过程性评定 ×40%+ 终结性评定 ×60%

学生的学科综合评定分在60分以上的，给予该模块满学分；在60分以下的不给予学分。

（六）校本课程

1. 高一数学竞赛

课程目标：为高一学有余力、对数学感兴趣的学生提供个性发展的平台

课程内容：数学竞赛讲座

课程评价：过程性评价和终结性评价相结合

适用年级：高一

课程课时：18课时

2. 高二数学竞赛

课程目标：在高一的基础上进一步培养学生的数学兴趣，增强数学能力

课程内容：数学竞赛讲座

课程评价：过程性评价和终结性评价相结合

适用年级：高二

课程课时：18课时

3. 数学学法指导

课程目标：通过对学习数学的方法介绍，以培养学生良好的学习习惯

课程内容：具体的数学实例

三、达县石桥中学高中英语学科课程设置与学分认定实施方案

（一）目标说明

普通高中英语新课程是义务教育阶段英语课程的自然延伸，也是基础教育阶段课程的重要组成部分。义务教育阶段和高中阶段英语教学的总目标，都是培养学生的综合语言运用能力，为进一步学习打好基础。这个基础包括持续的学习动机、初步的自主学习能力以及综合语言运用能力。但高中阶段与义务教育阶段相比，课程目标在层次、水平和侧重点上都有所不同。义务教育阶段强调培养学生学习的兴趣、习惯和自信心，通过英语学习和实践活动，逐步掌握英语知识和技能，奠定运用英语的基础。而高中英语新课程则应根据高中学生的认知特点和学习发展的需要，在进一步发展学生基本语言运用能力的同时，着重提高学生用英语获取信息、处理信息和分析、解决问题的能力，逐步培养学生用英语进行思维和表达的能力，为他们进一步学习和发展创造必要的条件。

高中英语课程的总目标是使学生在义务教育阶段英语学习的基础上，进一步明确英语学习的目的，发展自主学习和合作学习的能力；形成有效的英语学习策略；培养学生的综合语言运用能力。综合语言运用能力的形成建立在语言技能、语言知识、情感态度、学习策略和文化意识等素养整合发展的基础上。语言技能和语言知识是综合语言运用能力的基础。情感态度是影响学生学习和发展的重要因素。学习策略是提高学习效率、发展自主学习能力的先决条件。文化意识则是得体运用语言的保障。

（二）课程内容

必修学分的教材以省教委选定的人教版为基本教材，安排在高一、高二上学期学习。学生修满10个必修学分，达到七级目标要求即达到英语学科的毕业要求。

学生在修习必修课程的同时或之后，可以自主选修高中阶段其他的选修课程。高中英语的选修课程由选修课程（系列Ⅰ）和任意选修课程（系列Ⅱ）两部分构成。选修课程（系列Ⅰ）采用人教版选修教材，共有6个模块（英语6—英语11）。任意选修课程（系列Ⅱ）由学科教研组讨论决定并报教务处备案。

（三）教材介绍

必修教材以省教委选定的人教版《普通高中课程标准实验教科书英语》(New Senior English For China)为基本教材，它是根据教育部制定的《普通高中英语课程标准（实验）》编写的。教科书从内容安排、编排体系到采用的教学方法和练习的设计等方面都努力体现《普通高中英语课程标准（实验）》规定的课程性质和理念。共5个模块，按模块1—5（即英语1—英语5）顺序开设。每一个模块一册学生用书，有五个教学单元，供半学期使用。每个单元围绕一个主要话题开展听说读写活动，统一设置八大栏目：热身（Warming Up）、读前（Pre-reading）、阅读（Reading）、理解（Comprehending）、语言学习（Learning about Language）、语言运用（Using Language）、小结（Summing Up）、学习建议（Learning Tip）。

其中，在一些大栏目下又有一些小栏目（Learning about Language 包括了 Discovering useful words and expressions 和 Discovering useful structures；而 Using Language 通常包括了 Reading、Listening、Speaking、Writing 这四大技能）。各栏目的教学目的明确，教学内容相互联系，相互渗透。

本套教材具有以下特点：

① 内容有利于提高学生的思想素质和人文素养
② 力求符合学生的生理和心理发展的需要，能够激发其学习兴趣
③ 语言真实、地道、自然，以英国英语为主，同时介绍主要英语国家的英语
④ 提倡功能、结构、话题及"任务型"活动途径相结合的教学模式与方法
⑤ 知识和技能训练的安排遵循学生的认知规律
⑥ 启发学生进行探究式的学习，鼓励他们锻炼思维、发挥想象力，以培养他们的创新精神和实践能力

⑦ 注意学科整合，拓宽学生的文化知识视野
⑧ 具有弹性，区分层次，注意学生的潜力和可接受性
⑨ 多种媒体配合，提供丰富的配套资源
⑩ 增加过程性评价，体现学生在评价中的主体地位

选修教材（模块6—11，共六册）根据课程标准的要求目标进行设计和编排，模块6—10的基本结构与必修模块相似，模块11则根据高中学生毕业高考的需要对词汇、语法以及练习册的练习进行了调整，便于学生进行复习巩固以往所学的知识。选修教材在必修课程的基础上，通过内涵丰富的听说读写活动，一方面使学生的综合语言运用能力得到进一步提高，另一方面促进学生的全面发展，着重培养学生的各种素养和能力，形成了鲜明的人文特色。

（四）课程设置

1. 必修课程

必修课程以省教委选定的人教版为基本教材，安排在高一、高二上学期学习。必修课程共10个学分，按模块1—5（即英语1—英语5）顺序开设。每个模块2个学分，36学时（每周4学时）。学生修满10个必修学分，达到七级目标要求即达到英语学科的毕业要求。学生在修习必修课程的同时或之后，可以自主选修高中阶段其他的选修课程。

2. 选修课程

高中英语的选修课程由顺序选修课程（系列Ⅰ）和任意选修课程（系列Ⅱ）两部分构成。

顺序选修课程（系列Ⅰ）是在完成必修课程后供学生按顺序选修的，是必修课程的自然延伸，是为愿意进一步提高英语综合语言运用能力的高中生设计的目标。顺序选修课程（系列Ⅰ）共有6个模块（英语6—英语11），每个模块2个学分。学生完成模块6—8的学习，可以达到八级目标要求；完成模块9—11的学习，可以达到九级目标要求。

任意选修课程（系列Ⅱ）分为三类：语言知识和技能类、语言应用和欣赏类。任意选修课程（系列Ⅱ）不规定学生选修的门类和次序，学生可以在学习必修课程（模块英语1—5）的同时或以后选修。

3. 高中英语课程设置课时安排与学分安排

按照新课程要求，必修部分共 10 个学分，按模块 1—5（即英语 1—英语 5）顺序开设。每个模块 2 个学分，36 学时（每周 4 学时，一学期完成两个模块，两个半学期即可完成五个模块的教学）。每个学段须依序完成相应一个模块内的若干个单元的教材教学任务，并进行模块终结考试，成绩合格的学生得 2 个学分。顺序选修课程（系列 I）共有 6 个模块（英语 6—英语 11），每个模块 2 个学分。11 个模块成绩全合格的学生得 22 个学分，另有选修任意选修课程（系列 II）模块且考试合格的学生再累计所得学分。但必修课程模块 1—5 的 10 个学分，是学生高中毕业英语科所必须达到的最低学分和条件，不可以用其他模块（英语科或非英语科）的学分来顶替。

年级		内容	学时	学分
高一	上	必修	模块 1、模块 2	4／每周，每个模块的总学时为 36	每个模块对应的学分为两分
	下	必修	模块 3、模块 4		
高二	上	必修	模块 5 选修 IA：模块 6	3／每周，每个模块的总学时为 36	
	下	选修	选修 IA：模块 7 选修 IB：模块 8 模块 9		
高三	上	选修	选修 IC	4／每周，每个模块的总学时为 36	
	下		高考复习		

说明：修习模块 1—5，获得 10 个必修学分，即达到七级目标要求；完成模块 6—8 的学习，可以达到八级目标要求；完成模块 9—11 的学习，可以达到九级目标要求。

（五）教学评价

1. 教学评价

《新课程评价标准》明确了高中英语既具有人文性又具有实用性的特征，因而，对学生学业的评价必须同时关注语言知识、语言技能、情感态度、学习策略和文化意识 5 个方面。英语学业成绩评价体系由过程性评价和终结性评价构成，既关注结果，又关注过程，过程性评价的结果在学生的学业评价中占一定比例。过程性评价的任务是对学生日常学习过程中的表现、所取得的成绩以及所反映的情感、态度、策略等方面的发展做出评价，其目的是激励学生学习，帮助学生有效地调控自己的学习过程，使学生获得成就感，增强自信心，培养合作精神。教师要通过考查，观察和学生的交流，对学生的书面作业、口头问答、演讲、朗诵等课内外学习行为和学生的学习能力、学习态度、参与程度、合作精神等做出评价。过程性评价还包括学生相互评价和学生自我评价等方式。终结性评价是检测学生综合语言运用能力发展程度的重要途径，也是反映教学效果、办学质量的重要指标之一。终结性评价的方式包括听力和笔试等在内的模块考试。听力测试在学期、学年考试、会考中所占比例应不少于20%。

2. 学分评定方法

英语科学分评定由过程性评定和终结性评定构成。其中过程性评定占40%，终结性评定占60%。

（1）过程性评定从出勤情况、作业情况、过程与态度等三个方面进行评定，共100分

① 出勤情况（30分）

出满勤记30分，无故迟到、早退各一次扣0.5分，旷课一节扣1分，旷课一天扣5分，扣完为止，由指定学生做考勤员负责记录、初评，任课教师审核、评定。经批准的病、事假，学生事后补修所缺课时的，不扣分；若在模块学习前提出免于参加课时学习的申请，经学校批准后，可以免于参加授课学习，该项记满分；若旷课总节数超过总课时的1/3时，不能取得该模块学分。

② 作业情况（30分）

A. 作业质量（10分），由任课教师综合学习课时内的作业质量情况评定

B. 作业完成情况（含背诵作业）（20分）

能独立自主完成老师布置的作业，并按时上交，得20分；无故不交作业一次扣1分，未向任课教师提出申请而迟交作业每次扣0.5分，抄袭作业每次扣4分，扣完为止。由小组长和科代表完成记录、初评，任课教师审核、评定。背诵作业没完成的，一次扣1分，扣完为止。

③ 过程与态度（40分）

对学生在模块学习的过程进行评价。主要从课堂表现、态度和方法、合作精神、创新能力等方面综合评定。

课堂表现的评价可从听课态度、记笔记情况、课堂参与程度、遵守课堂纪律、踊跃发言等方面进行评定。

学习态度可从学习目的性、学习兴趣、自信心、学习毅力和自制力、学习计

划性、合作精神等方面全面考察学生的学习情感态度。

学习方法可从学习方法和技能的掌握、学习方法的积累和提高、知识的理解与创新、学习的反思与总结等方面考察学生的学习方法和技能。

（2）终结性评定

终结性评定由学校统一组织进行测试，满分100分。由学科备课组负责命题、评卷，并给出成绩。听力测试在考试中所占比例应不少于20%。听力测试着重检测学生理解和获取信息的能力。笔试应避免单纯语法知识题，增加具有语境的应用型试题，适当减少客观题，增加主观题。

终结性评定由平时测试、期中测试和期末测试构成，其中平时测试占30%，期中测试占30%，期末测试占40%。

（3）选修课的终结性评价

根据选修课的基本理念和教学模式，尽可能采用丰富多样的考核和评价方式，可以是考试，也可以是小论文、课堂表述、专题演讲、辩论、表演等形式。评价方案由学生自定，合格才能获得学分。

3. 综合评定分

综合评定分 = 过程性评定 ×40%+ 终结性评定 ×60%

学生的学科综合评定分在60分以上的，给予该模块满学分；在60分以下的不给予学分。

（六）校本课程

Ⅰ．英语报刊阅读

课程目标：提高学生阅读外刊的能力。通过阅读外刊，使学生掌握报刊英语的特点，了解报刊文章的特点，掌握读报的要领，以提高阅读外刊的能力；提高学生的观察、理解和分析问题的能力和独立思考的能力；掌握阅读技巧和策略，提高阅读速度

课程内容：采用教材为中国日报社《21世纪中学生英语报》。这份中学英文报纸的特点是以周刊的形式，以报道时事文化为主导，以浅显地道的英语向读者报道校园热点、文化知识、休闲阅读等内容，文章短小精悍，更适合学生的英语程度和理解能力

课程评价：过程性评价和终结性评价相结合的方法

适用年级：高一、高二

课时数：18 课时

II.《洋话连篇》（Speak NaturalEnglish）&《大开耳界》（Ears Wide Open）

课程目标：完善学生的知识结构、训练学生的听说能力、发展学生的高二兴趣爱好、培养学生的个体特长、促进学生的全面发展

课程内容：为学生提供丰富的视听材料，有原版英文电影赏析，动人的英文歌曲，令人震撼的原声演讲，实用的 VOA，BBC 的 Special English，还有经典的英音版 New Concept English 和美语音像教材 Family Album USA

课程评价：以过程性评价为主

适用年级：高一

课时数：9 课时

III.《文化点滴》（Snapshot）&《精彩人生》（What a Life!）

课程目标：展示英语国家的习俗、风土人情和一般社会概况，激发学生的学习兴趣与热情，调动学生的学习积极性，提高他们的认识能力，培养他们的自学能力，并全面提高他们的英语水平

课程内容：根据《英语国家背景》《英国风情录》《美国风情录》《澳大利亚风情录》《加拿大风情录》等教材，从中取材、整理出风俗习惯、国土与人口、体育运动、学校教育、历史人物、文化与艺术、假日与旅游等 10 个专题

课程评价：以过程性评价为主

适用年级：高一

课时数：9 课时

IV. 中级英语语法详解

课程目标：帮助在英语语法知识方面相对比较薄弱的同学能够比较系统地学习英语语法，从而达到夯实基础的目的

课程内容：高中阶段重要语法现象的讲解和操练

课程评价：过程性评价和终结性评价相结合的方法

适用年级：高一、高二

课时数：18 课时

Ⅴ．英语写作

课程目标：通过学生发现、实践、探究等积极主动的学习写作的方法，逐步培养学生的写作能力，卓有成效地提高学生的英语写作水平

课程内容：指导学生学习范文、启发学生自主写作，让学生进行写作实践，引导学生探究写作过程

课程评价：过程性评价和终结性评价相结合的方法

适用年级：高二

课时数：18课时

四、达县石桥中学高中语文学科模块学分认定实施方案（草案）

高中课程改革给中学教育注入了生机和活力，但随着教学改革的不断推进，对学生学业成绩的科学性认定，成了亟待解决的问题。我们认为，高中学生的学业评价应该包括过程性评价和终结性评价，并且还要按照目标多元化、主体多元化、方式多样化、注重过程的评价原则进行。据此说明如下：

（一）学分认定的目标

学分认定的目标定位在：

知识和能力。具体包括：语文基础知识、社会文化知识、思想方法论；良好的听说读写习惯，较强的听说读写能力，探究学习、自主学习与合作学习的能力，收集、整理信息的能力。

过程与方法。具体包括：主动、积极参与教学活动，具有个人的学习经验，有正确、良好的学习方法，有正确的方法论思想。

情感态度和价值观。具体包括：富有责任感；爱国、忠诚、高尚、尊老爱幼，富有同情心与奉献精神等。

（二）学分认定原则

（1）评价的根本目的是为了促进学生语文素养的提高。

语文课程标准评价突出整体性和综合性。从知识和能力、过程与方法、情感态度和价值观等方面全面考察。

（2）评价以课程目标为基础，面向全体学生。

课程目标是学分的基础，语文课程评价要根据总目标和分类目标，抓住关键，突出重点，在保证达成基本目标的基础上，尊重学生个性差异，关注学生的不同兴趣、不同表现和不同学习需要。评价要有利于鼓励学生对课程的自主选择，促进每个学生的健康发展，要根据学生的个体差异和个性化要求，采用生动活泼、灵活多样的评价方法。

（3）评价要充分发挥诊断、激励和发展的功能。

课程评价具有检查、诊断、反馈、甄别、选拔、激励和发展等多种功能，能真实地了解学生的学习过程和学习状况，准确地判断学生的学业水平和发展需求。评价的各种功能都不能忽视，但首先应充分发挥其诊断、激励和发展的功能。

（4）评价主体多元化。

"评价主体多元化"是当前评价改革的重要理念和方向。语文课程评价一方面要尊重学生的主体地位，指导学生开展自我评价和促进反思；另一方面要鼓励同伴、家长等参与到评价之中，使评价成为学校、教师、学生、同伴、家长等多个主体共同参与的交互活动。

（5）根据不同的情况综合采用不同的方式。

课程评价有多种方式，每一种方式都有其优势和局限，都有适用的条件和范围。学生发展的不同侧面有不同特点和表现形式，对评价也有不同的要求。因此评价要根据不同的情况采用不同的方式，将定量评价与定性评价结合起来，将过程性评价与终结性评价结合起来，从知识和能力、过程和方法、情感态度和价值观等方面全面考察。

（三）学分认定的总体思路

学分的认定要根据语文学科的特点，要有利于促进学生的发展，简便实用，易于操作。基于以上原则，我们采取模块测验和学习过程相结合的方式进行。具体思路如下：

模块学习的学分认定由四部分组成，其中包括考勤 5 分、学习过程评价 45 分、终结考试 50 分。

学习过程评价，包括课外阅读与积累 5 分、练笔 5 分、口语交际 5 分、个性展示 15 分、巩固与拓展 5 分、专题测试 10 分。

个性展示包括课堂表现、情感态度与价值观、自主探究与合作学习及奖励得分。

（四）学分认定的具体操作方法

1. 考勤分（5分）

A等（5分）：出勤率为96%~100%。

B等（4分）：出勤率为90%~95%。

C等（3分）：出勤率为85%~89%。

D等（2分）：出勤率为80%~84%。

2. 课外阅读与积累（5分）

阅读课外书籍、报刊，两周一篇读书笔记。

A等（5分）：读书笔记内容充实，中心明确，语句流畅，感受深刻，无错别字。

B等（4分）：读书笔记内容较充实，中心较明确，语句通顺，感受深刻，无错别字。

C等（3分）：读书笔记内容基本充实，中心基本明确，语句基本通顺，基本无错别字。

D等（2分）：读书笔记内容不充实，中心不明确，语句不通顺，字迹潦草。

3. 习作（5分）

每两周完成随笔或周记一篇，每月完成大作文一篇。

A等（5分）：内容充实，中心明确，语句流畅，有文采，有真情实感，能够有个性、有创意地表达，文面清爽，无错别字。

B等（4分）：内容较充实，中心较明确，语句流畅，较有文采，感受较深刻，文面较清爽，无错别字。

C等（3分）：内容基本充实，中心基本明确，语句基本通顺，少有错别字。

D等（2分）：内容严重偏离题意，结构残缺、混乱，语病较多，字迹无法辨认，文面脏乱。

4. 口语交际（5分）

参加班级演讲、朗诵、辩论、小组研究性学习等活动表现：

A等（5分）：演讲很流利，朗读准确、流畅，富有感情，有自信心，有独立见解，谈吐文雅，表现出良好的修养，小组研究性学习中发言踊跃，思考积极，很有创新。

B等（4分）：演讲较为流畅，朗读准确、流畅，较有感情，较有修养，辩论口才较好；小组研究性学习中发言较踊跃，思考较积极，较有创新。

C等（3分）：演讲基本流畅，朗读基本准确、流畅，有感情，辩论机智；小组研究性学习中能够发言，创新较少。

D等（2分）：演讲不流畅，朗读不准确，缺乏感情；小组研究性学习中发言不积极，缺乏创新。

5. 个性展示（15分）

① 课堂表现

A等（5分）：发言很踊跃，回答问题准确，角度新颖，有创意。

B等（4分）：发言较踊跃，回答问题较准确，角度较新颖。

C等（3分）：发言尚可，回答问题基本准确，有一定的角度。

D等（2分）：发言不积极，回答问题不准确，思路混乱。

② 情感、态度与价值观

A等（5分）：在语文活动中，表现积极，内容健康向上，能用正确的人生观、价值观解答语文活动中的问题。

B等（4分）：表现较积极，内容健康向上，能较好地运用正确的人生观和价值观解答语文活动中的问题。

C等（3分）：表现基本良好，内容健康，基本上能运用正确的人生观和价值观解答语文活动中的问题。

D等（2分）：表现不积极，观点不健康，回答问题缺乏正确的人生观和价值观。

③ 自主探究与合作学习

A等（5分）：在语文学习活动中，能够很好地自主探究与合作学习。

B等（4分）：能够较好地自主探究与合作学习。

C等（3分）：基本能够自主探究与合作学习。

D等（2分）：不能自主探究与合作学习。

三项总分数合计：

A等：14~15分

B等：11~13分

C 等：9~10 分

D 等：9 分以下

说明：在语文活动中，获得优异成绩的小组或个人，可适当加分，获校级一、二、三等奖分别加 3 分、2 分、1 分，获县级一、二、三等奖分别加 4 分、3 分、2 分，市级一、二、三等奖分别加 5 分、4 分、3 分，省级一、二、三等奖分别加 6 分、5 分、4 分，国家级一、二、三等奖分别加 7 分、6 分、5 分。另外，在省级以上报刊、"学生博客"中发表习作一篇以上（含一篇），可加 3 分。以上加分均属个性展示分，加满 15 分为止。

6. 巩固与拓展（5 分）

A 等（5 分）：能够很好地完成课本上作业和老师布置的课外作业。

B 等（4 分）：能够较好地完成课本上作业和老师布置的课外作业。

C 等（3 分）：基本能够完成课本上作业和老师布置的课外作业。

D 等（2 分）：不能完成课本上作业和老师布置的课外作业。

7. 专题测试 10 分（以 100 分试卷为例）

A 等：85~100 分。

B 等：75~84 分。

C 等：60~74 分。

D 等：60 分以下。

（若 150 分试卷可按比例划成 100 分制）

8. 终结考试 50 分（以 100 分试卷为例）

A 等（50 分）：85~100 分。

B 等（40 分）：75~84 分。

C 等（30 分）：60~74 分。

D 等（20 分）：60 分以下。

（若 150 分试卷可按比例划成 100 分制）

9. 总分与等级

总分评价等级：

A 等：85~100 分。

B 等：75~84 分。

C 等：60~74 分。

D 等：60 分以下。

10. 模块学分认定

模块总评成绩以分数的方式呈现，模块总评成绩 60 分以上（含 60 分）即可获得 2 个学分，否则不授予学分。

达县石桥中学高中高中语文模块学分及等级评价表

班级：　　　　学段：　　　　模块：　　　　执教教师：

学号	姓名	考勤 5分	课外阅读与积累 5分	习作 5分	口语交际 5分	个性展示 15分	巩固与拓展练习 5分	专题测试 10分	终结性考试 50分	总分	等级	学分

课程评价：过程性评价和终结性评价相结合

适用年级：高一、高二

课程课时：10 课时

11. 数学建模

课程目标：通过对具体的实例分析，提高学生数学的建模能力

课程内容：实例建模

课程评价：过程性评价和终结性评价相结合

适用年级：高一、高二

课程课时：10 课时

五、达县石桥中学高中化学学科课程设置与学分认定实施方案

（一）课程目标

普通高中化学课程是与九年义务教育阶段《科学》相衔接的基础教育课程。

达县石桥中学高中新课程学分管理的实践与研究

课程强调学生的主体性，在保证基础的前提下，为学生提供多样的、可选择的课程模块，为学生未来的发展打下良好的基础。

高中化学课程，有助于学生主动构建自身发展所需的化学基础知识和基本技能，增进对物质世界的认识，进一步了解化学学科的特点；有利于学生体验科学探究的过程，学习科学研究的基本方法，加深对科学本质的认识，发展创新精神和实践能力；有利于学生形成科学的自然观和严谨求实的科学态度，更深刻地认识科学、技术和社会之间的相互关系，树立可持续发展的思想。

高中化学课程以进一步提高学生科学素养为宗旨，着眼于学生未来的发展，体现时代性、基础性和选择性，兼顾不同志趣和发展潜能学生的需要。

（二）课程内容

1. 课程结构

普通高中课程由学习领域、科目、模块三个层次构成。化学属于"科学"学习领域的一个分支，它由8个课程模块构成，两个必修模块（化学1、化学2）和6个选修模块（化学与生活、化学与技术、化学反应原理、有机化学基础、实验化学、物质结构与性质）。

普通高中化学课程为了保证基础性，设置了两个必修课程模块，注重从知识与技能、过程与方法、情感态度与价值观三个方面为学生科学素养的发展和高中阶段后续课程的学习打下必备的基础。在内容选择上，力求反映现代化学研究的成果，积极关注21世纪与化学相关的社会现实问题，帮助学生形成可持续发展的观念，强化终身学习的意识，更好地体现化学课程的时代特色。同时，考虑到学生个性发展的多样化需要，更好地体现课程的选择性，设置了具有不同特点的选修模块。在设置选修模块时充分体现现代化学发展和应用的趋势，以物质、结构、反应为主线，重视反映化学、技术与社会的相互联系。

高中化学必修模块与选修模块的关系是基础与发展的关系。每个模块教材具有鲜明的风格和独特的功能，生动诠释高中化学新课程和化学科学素养。各模块的关系如下：

物质结构与性质　　化学反应原理　　有机化学基础
　　实验化学　　　化学与技术　　　化学与生活
　　必修化学（化学1、化学2）

2. 各模块和专题的设置

模块类型　　　　模块　　　　专题内容　　　必修课程
　化学1　　　专题1：化学家眼中的物质世界
　　　　　　　专题2：从海水中获得的化学物质
　　　　　　　专题3：从矿物到基础材料
　　　　　　　专题4：硫、氮和可持续发展
　化学2　　　专题1：微观结构与物质的重要性
　　　　　　　专题2：化学反应与能量转化
　　　　　　　专题3：有机化合物的获得和运用
　　　　　　　专题4：化学科学与人类文明
　选修课程
　化学与生活　专题1：洁净安全的生存环境
　　　　　　　专题2：营养均衡与人体健康
　　　　　　　专题3：丰富多彩的生活材料
　化学与技术　专题1：化学与资源开发利用
　　　　　　　专题2：化学与材料的制造、应用
　　　　　　　专题3：化学与工业生产
　有机化学基础　专题1：认识有机化合物
　　　　　　　专题2：有机物的结构与分类
　　　　　　　专题3：常见的烃
　　　　　　　专题4：烃的衍生物
　　　　　　　专题5：生命活动的物质基础
　化学反应原理　专题1：化学反应与能量转化
　　　　　　　专题2：化学反应速率和化学平衡
　　　　　　　专题3：溶液中的离子反应

达县石桥中学高中新课程学分管理的实践与研究

  实验化学 专题1：化学实验基础
        专题2：化学实验探究
  物质结构与性质 专题1：原子结构与元素的性质
        专题2：化学键与物质的性质
        专题3：分子间作用力与物质的性质
        专题4：研究物质结构的价值

（三）教材介绍

  目前我省新课程化学教材统一使用江苏教育出版社出版的江苏版化学教材。从教材的编排体系来看，不再以物质结构、元素周期律等理论知识为出发点，采用推理、演绎的方法学习化学，而改为以物质分类的思想来整合教学内容，通过提供实验事实、科学史话、工业生产、生活经验、社会热点问题等感性材料，采用分析、归纳的方法获得化学知识。强调从"生活走进化学，从化学走向社会"，"从自然走进化学，从化学走向应用"；强调运用"元素观""分类观""转化观"来学习化学。

1. 必修模块

  高中化学必修课程分为化学1和化学2两个模块。其中《化学1（必修）》教材含4章共13节内容，《化学2（必修）》教材含3章共10节内容。从课程设计来看，必修模块的目的是促进全体高中学生形成最基本的科学素养，是人人都要学的化学，因此必须强调其基础性；必修模块注重由感性到理性，由具体到一般，由事实到本质，进一步提升全体高中生基本的化学科学素养。同时为相应的选修模块预留接口，搭建平台，奠定良好基础。通过这两个模块的学习，同学们将认识化学科学的特点与魅力，了解化学科学的发展历程和探索空间，掌握化学与个人的未来发展、职业选择的关系；掌握研究物质性质的基本方法，利用多种形式的活动探究元素及其化合物的性质和应用，从自然界—实验室—人类生产、生活的方方面面感受元素大家族的奇妙，了解元素周期律的奥秘，并从化学键的角度认识物质的组成、化学反应及其能量转化的规律，进一步体会化学科学对促进社会发展以及提高人类生产和生活水平的重要作用。

2. 选修模块

模块	模块选课指南	模块的发展要求
化学与生活	我们生活在一个物质的世界中，而化学正是一门研究物质的科学。它研究分子，使我们不断地认识周围的物质和现象；它创造分子，促进了现代物质文明的发展。化学已经深入到人们日常生活的方方面面。面对生活中丰富多彩的化学现象，善于观察和思考的你是否有许多的问题和疑惑呢？你知道饮用水是如何获取的吗？我们可以不吃脂肪吗？如何看待食品添加剂的功与过？你知道电池的内部结构和工作原理吗？我们穿着的衣服是什么材料制成的？洗涤剂是如何去污的？……	《化学与生活》采用"主题一课题式"编写模式。主题围绕生存环境、健康饮食、化学能源、家居和穿用材料、安全使用化学品等话题依次展开，并全面布局、精心选择编排了18个课题。希望能营造一个贴近生活的情景，阐释生活中的化学现象，关注并解决生活中的化学问题，以提高同学们的化学科学素养。掌握化学知识，提高生活质量。就让《化学与生活》带你我走进奇妙的物质世界，探索它的奥秘吧。 （1）认识化学在促进人类健康、提供生活材料和保护环境等方面的重要作用。 （2）能应用所学化学知识对生活中的有关化学问题做出正确的判断和解释。 （3）认识化学科学的发展对提高人类生活质量的积极作用，形成可持续发展的思想。
化学与技术	这个模块对于同学们了解化学在工业生产和社会发展中的应用，学习有关化工生产的基本知识，了解核心的技术问题以及解决问题的技术思路，从而培养将理论联系实际、关注实践、勇于创新的意识和能力，树立珍惜资源、保护环境的可持续发展的思想具有重要的价值。	《化学与技术》模块的课程内容以生产技术为核心。生产一般是指用一定的技术和方法将原料加工成产品的工艺过程。化学生产技术是以化学知识为基础的。所以，教材在必修化学基础之上，结合生产技术，进一步介绍了化学平衡移动原理、化学反应速率影响因素、电解原理、金属的电化学腐蚀原理及其防护、硫酸、硝酸、纯碱、氯碱、氨等的工业制备原理等重要的无机化学知识；以及石油的裂解、催化裂化和催化重整、以乙烯等为基本原料的化学合成、加聚反应、缩聚反应、高分子化合物的构成等重要的有机化学知识。这些化学知识既是同学们分析和解决实际生产中技术问题的基础，也是将来实践和创新的基础。 （1）了解化学在工农业生产中的具体应用，认识化学与社会发展的关系； （2）认识化学科学发展与技术进步的关系，增强技术意识； （3）形成自然资源综合利用、废旧物资再生利用的观念； （4）通过调查、分析和讨论交流等途径提高解决实际问题的能力。

续表

模块	模块选课指南	模块的发展要求
物质结构与性质	《物质结构与性质》模块是为对理科，特别是对化学很感兴趣的学生开设的选修模块。物质结构理论是现代化学的重要组成部分，也是医学、生命科学、材料科学、环境科学、能源科学、信息科学的重要基础。它揭示了物质构成的奥秘、物质结构与性质的关系，有助于人们理解物质变化的本质，预测物质的性质，为分子设计提供科学依据。	在本课程模块中，我们将从原予、分子水平上认识物质构成的规律，以微粒之间不同的作用力为线索，侧重研究不同类型物质的有关性质，帮助高中学生进一步丰富物质结构的知识，提高分析问题和解决问题的能力。 （1）从科学家探索物质构成奥秘的史实中体会科学探究的过程和方法，增强学习化学的兴趣； （2）进一步形成有关物质结构的基本观念，初步认识物质的结构与性质之间的关系； （3）能从物质结构决定性质的视角解释一些化学现象，预测物质的有关性质； （4）在理论分析和实验探究过程中学习辩证唯物主义的方法论，逐步形成科学的价值观。
化学反应原理	《化学反应原理》不仅介绍重要的化学反应原理，而且还引导同学们学习有关研究化学反应规律的基本思想和方法，包括用物理和数学的方法来研究化学反应的有关问题。这对于深入了解化学反应的本质及其规律性是极为重要的，它们不仅具有理论意义，而且具有实际意义；它们不仅是重要的基础化学知识，对同学们今后从事科学研究与技术创新也有重要的指导作用。因此，学好这些基本原理对于同学们今后在化学方面的深造将很有裨益。	本教材重视知识的框架结构，重在介绍学术思想。突出化学是一门实验科学的特点，强调实验对于理论产生的重要性，避免将理论绝对化，并尽可能给同学们提供动手实验的机会。本教材自始至终注意提供定量的信息，并设计了一定数量的定量计算内容，突出了现代化学正在逐步走向定量化的特征。对于一些比较抽象的概念，例如焓变、熵等物理函数，则力求从同学熟悉的事实出发，用浅显的语言，分析其物理意义。另外，本教材还非常重视学习者的参与性，尽可能地启发同学开动脑筋、动手实践。 （1）认识化学变化所遵循的基本原理，初步形成关于物质变化的正确观念。 （2）了解化学反应中能量转化所遵循的规律，知道化学反应原理在生产、生活和科学研究中的应用。 （3）赞赏运用化学反应原理合成新物质对科学技术和人类社会文明发挥的重大作用，能对生产、生活和自然界中的有关化学变化现象进行合理的解释。 （4）增强探索化学反应原理的兴趣，树立学习和研究化学的志向。

第二部分 三个阶段

续表

模块	模块选课指南	模块的发展要求
有机化学基础	在人类已知的化合物中,有机化合物占了绝大多数。与生命活动密切相关的有机化合物广泛存在于人类居住的地球上,使地球充满生机与活力。新合成的有机化合物数量以千万计,极大地丰富了我们的物质世界,满足了日益增长的社会需要,提高了人们对物质及其变化的认识。当今,有机化合物的应用已深入到人类生活的各个领域,因此学习有机化学的基础知识对提高大家的科学素养有着重要意义。	《有机化学基础》是建立在必修模块《化学2》中"重要的有机化合物"基础之上的,专门引导有兴趣的同学比较系统、深入的学习有机化学基础知识。本教材突出物质的结构决定性质这一主线,建立起结构、性质、反应、合成之间的有机联系,将多种类型的有机物的繁多性质和反应,以及合成与应用串联为有机的整体。教材采用理论与物质性质两条线索并列、融合的体系,既发挥了结构和反应理论的指导作用,又实现概念原理与有机化合物知识的合理穿插编排;既保证了有机化合物知识的系统性(官能团体系),又降低了理论学习的难度。教材为同学们搭建了科学合理的认识阶梯,组建了合理的知识和内容组块,使大家能够更深刻地体会到有机化学的内在联系和创造价值。 (1)初步掌握有机化合物的组成、结构、性能等方面的基础知识。 (2)认识实验在有机化合物研究中的重要作用,了解有机化合物研究的基本方法,掌握有关实验的基本技能。 (3)认识有机化合物在人类生活和社会经济发展中的重要意义。
实验化学	化学实验是化学科学赖以产生和发展的基础,化学的每一次重大突破,都与实验方法的改革密切相关,因此长期以来,化学被称为"实验的科学"。 古代,制陶、冶金、酿酒等化学工艺,孕育了化学实验的萌芽。随后兴盛的炼丹术,是早期化学实验的典型代表。炼丹术士发明了蒸馏器、烧杯、冷凝器和过滤器等化学实验仪器,以及焙烧、溶解、过滤、结晶、升华及蒸馏等实验操作方法,为后来许多物质的制取奠定了基础。	本模块教材按照化学实验方法的应用领域构建了"化学实验基础""化学实验探究"二个一级主题,精心设计了与各主题密切相关的主题拓展。从而向同学们展示化学这门以实验为基础的自然科学的丰富内涵和独特魅力,引导大家体会实验对于认识和解决问题、进行科学探究和化学研究的重要意义,有助于提高同学们的综合探究能力,并为将来学习化学、进行化学研究奠定良好的基础。 (1)认识化学实验是学习化学知识、解决生产和生活中的实际问题的重要途径和方法。 (2)掌握基本的化学实验方法和技能,了解现代仪器在物质的组成、结构和性质研究中的应用。 (3)了解化学实验研究的一般过程,初步形成运用化学实验解决问题的能力。 (4)形成实事求是、严谨细致的科学态度,具有批判精神和创新意识。 (5)形成绿色化学的观念,强化实验安全意识。

化学与生活

我们生活在一个物质的世界中，而化学正是一门研究物质的科学。它研究分子，使我们不断地认识周围的物质和现象；它创造分子，促进了现代物质文明的发展。化学已经深入人们日常生活的方方面面。面对生活中丰富多彩的化学现象，善于观察和思考的你是否有许多的问题和疑惑呢？你知道饮用水是如何获取的吗？我们可以不吃脂肪吗？如何看待食品添加剂的功与过？你知道电池的内部结构和工作原理吗？我们穿着的衣服是什么材料制成的？洗涤剂是如何去污的？……

《化学与生活》采用"主题—课题式"编写模式。主题围绕生存环境、健康饮食、化学能源、家居和穿用材料、安全使用化学品等话题依次展开，并全面布局、精心选择编排了18个课题。希望能营造一个贴近生活的情景，阐释生活中的化学现象，关注并解决生活中的化学问题，以提高同学们的化学科学素养。掌握化学知识，提高生活质量。就让《化学与生活》带你我走进奇妙的物质世界，探索它的奥秘吧。

（1）认识化学在促进人类健康、提供生活材料和保护环境等方面的重要作用。

（2）能应用所学化学知识对生活中的有关化学问题做出正确的判断和解释。

（3）认识化学科学的发展对提高人类生活质量的积极作用，形成可持续发展的思想。

化学与技术

这个模块对于同学们了解化学在工业生产和社会发展中的应用，学习有关化工生产的基本知识，了解核心的技术问题以及解决问题的技术思路，从而培养将理论联系实际、关注实践、勇于创新的意识和能力，树立珍惜资源、保护环境的可持续发展的思想具有重要的价值。

《化学与技术》模块的课程内容以生产技术为核心。生产一般是指用一定的技术和方法将原料加工成产品的工艺过程。化学生产技术是以化学知识为基础的。所以，教材在必修化学基础之上，结合生产技术，进一步介绍了化学平衡移动原理、化学反应速率影响因素、电解原理、金属的电化学腐蚀原理及其防护、硫酸、硝酸、纯碱、氯碱、氨等的工业制备原理等重要的无机化学知识；以及石油的裂解、催化裂化和催化重整，以乙烯等为基本原料的化学合成、加聚反应、缩聚反应，高分子化合物的构成等重要的有机化学知识。这些化学知识既是同学们分析和解决实际生产中技术问题的基础,也是将来实践和创新的基础。

(1)了解化学在工农业生产中的具体应用,认识化学与社会发展的关系。

(2)认识化学科学发展与技术进步的关系,增强技术意识。

(3)形成自然资源综合利用、废旧物资再生利用的观念。

(4)通过调查、分析和讨论交流等途径提高解决实际问题的能力。

物质结构与性质

《物质结构与性质》模块是为对理科,特别是对化学很感兴趣的学生开设的选修模块。物质结构理论是现代化学的重要组成部分,也是医学、生命科学、材料科学、环境科学、能源科学、信息科学的重要基础。它揭示了物质构成的奥秘、物质结构与性质的关系,有助于人们理解物质变化的本质,预测物质的性质,为分子设计提供科学依据。

在本课程模块中,我们将从原子、分子水平上认识物质构成的规律,以微粒之间不同的作用力为线索,侧重研究不同类型物质的有关性质,帮助高中学生进一步丰富物质结构的知识,提高分析问题和解决问题的能力。

(1)从科学家探索物质构成奥秘的史实中体会科学探究的过程和方法,增强学习化学的兴趣。

(2)进一步形成有关物质结构的基本观念,初步认识物质的结构与性质之间的关系。

(3)能从物质结构决定性质的视角解释一些化学现象,预测物质的有关性质。

(4)在理论分析和实验探究过程中学习辩证唯物主义的方法论,逐步形成科学的价值观。

化学反应原理

《化学反应原理》不仅介绍重要的化学反应原理,而且还引导同学们学习有关研究化学反应规律的基本思想和方法,包括用物理和数学的方法来研究化学反应的有关问题。这对于深入了解化学反应的本质及其规律性是极为重要的,它们不仅具有理论意义,而且具有实际意义;它们不仅是重要的基础化学知识,对同学们今后从事科学研究与技术创新重要的指导作用。因此,学好这些基本原理对于同学们今后在化学方面的深造将很有裨益。

本教材重视知识的框架结构，重在介绍学术思想。突出化学是一门实验科学的特点，强调实验对于理论产生的重要性，避免将理论绝对化，并尽可能给同学们提供动手实验的机会。本教材自始至终注意提供定量的信息，并设计了一定数量的定量计算内容，突出了现代化学正在逐步走向定量化的特征。对于一些比较抽象的概念，例如焓、熵等，则力求从同学们熟悉的事实出发，用浅显的语言，分析其物理意义。另外，本教材还非常重视学习者的参与性，尽可能地启发同学们开动脑筋、动手实践。

（1）认识化学变化所遵循的基本原理，初步形成关于物质变化的正确观念。

（2）了解化学反应中能量转化所遵循的规律，知道化学反应原理在生产、生活和科学研究中的应用。

（3）赞赏运用化学反应原理合成新物质对科学技术和人类社会文明发挥的重大作用，能对生产、生活和自然界中的有关化学变化现象进行合理的解释。

（4）增强探索化学反应原理的兴趣，树立学习和研究化学的志向。

有机化学基础

在人类已知的化合物中，有机化合物占了绝大多数。与生命活动密切相关的有机化合物广泛存在于人类居住的地球上，使地球充满生机与活力。新合成的有机化合物数量以千万计，极大地丰富了我们的物质世界，满足了日益增长的社会需要，提高了人们对物质及其变化的认识。当今，有机化合物的应用已深入人类生活的各个领域，因此学习有机化学的基础知识对提高大家的科学素养有着重要意义。

《有机化学基础》是建立在必修模块《化学2》中"重要的有机化合物"基础之上的，专门引导有兴趣的同学比较系统、深入地学习有机化学基础知识。本教材突出物质的结构决定性质这一主线，建立起结构、性质、反应、合成之间的有机联系，将多种类型的有机物的繁多性质和反应，以及合成与应用串联为有机的整体。教材采用理论与物质性质两条线索并列、融合的体系，既发挥了结构和反应理论的指导作用，又实现概念原理与有机化合物知识的合理穿插编排；既保证了有机化合物知识的系统性（官能团体系），又降低了理论学习的难度。教材为同学们搭建了科学合理的认识阶梯，组建了合理的知识和内容组块，使大家能够更深刻地体会到有机化学的内在联系和创造价值。

（1）初步掌握有机化合物的组成、结构、性能等方面的基础知识。

（2）认识实验在有机化合物研究中的重要作用，了解有机化合物研究的基本方法，掌握有关实验的基本技能。

（3）认识有机化合物在人类生活和社会经济发展中的重要意义。

实验化学

化学实验是化学科学赖以产生和发展的基础，化学的每一次重大突破，都与实验方法的改革密切相关，因此长期以来，化学被称为"实验的科学"。

古代，制陶、冶金、酿酒等化学工艺，孕育了化学实验的萌芽。随后兴盛的炼丹术，是早期化学实验的典型代表。炼丹术士发明了蒸馏器、烧杯、冷凝器和过滤器等化学实验仪器，以及焙烧、溶解、过滤、结晶、升华及蒸馏等实验操作方法，为后来许多物质的制取奠定了基础。

本模块教材按照化学实验方法的应用领域构建了"化学实验基础""化学实验探究"两个一级主题，精心设计了与各主题密切相关的主题拓展。从而向同学们展示化学这门以实验为基础的自然科学的丰富内涵和独特魅力，引导大家体会实验对于认识和解决问题、进行科学探究和化学研究的重要意义，有助于提高同学们的综合探究能力，并为将来学习化学、进行化学研究奠定良好的基础。

（1）认识化学实验是学习化学知识、解决生产和生活中的实际问题的重要途径和方法。

（2）掌握基本的化学实验方法和技能，了解现代仪器在物质的组成、结构和性质研究中的应用。

（3）了解化学实验研究的一般过程，初步形成运用化学实验解决问题的能力。

（4）形成实事求是、严谨细致的科学态度，具有批判精神和创新意识。

（5）形成绿色化学的观念，强化实验安全意识。

（四）课程设置

高中化学课程由 8 个课程模块构成，两个必修模块（化学 1、化学 2）和 6 个选修模块（化学与生活、化学与技术、化学反应原理、有机化学基础、实验化学、物质结构与性质）。每个模块 36 学时，2 个学分，学生在高中阶段最低必须修满 6 个学分。

按照课程标准要求，必修课程模块化学 1、化学 2 是高校招生化学科考试内容的基本组成部分。普通高校招生化学科的考试内容应对报考不同专业学生有不同的要求：

报考人文学科或社会科学专业：最多不超过3个模块。

报考理工类专一：最多不超过4个模块。

报考化学及其相关专业：最多不超过6个模块。

四川省高中新课程实验工作专业指导委员会规定高中学生必修内容：必修模块2个（化学1、化学2），选修模块1个（文科在《化学与生活》《化学与技术》两模块中选一模块；理科必修《有机化学基础》）。选修内容：文科学生再选修《化学与生活》《化学与技术》两模块中未在必修中学习的另一模块；理工科学生必选修《化学反应原理》和《实验化学》，再可选修《化学与生活》或《化学与技术》，在化学方面希望进一步发展的学生选修《物质结构与性质》。

1. 普通高中化学课程设置课时安排与学分安排（一）（文科）

学年	性质		内容		课时	学分
高一上	必修	必修1	化学与生活化学与技术	（在两模块中选一模块）	2	2
高一下		选修1	化学与生活	其它化学选修模块	2	2
高二上	选修	选修2	化学与技术	其它化学选修模块	2	2
高二至高三						

2. 普通高中化学课程设置课时安排与学分安排（二）（理科）

学年	性质		内容		课时	学分
高一上	必修	必修1	化学与生活	有机化学基础化学反应原理专题1、2	2	2
高一下		必修2	化学与技术	化学反应原理专题3	2	2
高二上	选修	选修ⅠB	实验化学		3	3
高二下		选修ⅠC	选修物质结构与性质		3	3
高二至高三			总复习		4	0—4

3. 学业考试制度

项目	高中化学实验考查	高中化学学业考试
时间	高一学年第二学期末	高二学年第一学期末
类型	考查	考试
内容范围	高一年级全体学生共同修习的《化学1》、实验内容综合测试（设想）	高三学年第一学期末《化学2》规定的必做本省高中化学课程修习前三个必修模块的教学内容选修ⅠB模块的教学内容（上机选择题考试、共2个模块）

（五）教学评价

1. 教学评价

高中化学课程评价既要促进全体高中学生在科学素养各个方面的共同发展，又要有利于高中学生的个性发展。积极倡导评价目标多元化和评价方式的多样化，坚持终结性评价与过程性评价相结合、定性评价与定量评价相结合、学生自评互评与他人评价相结合，努力将评价贯穿于化学学习的全过程。

高中化学课程倡导评价方式的多样化，以促进学生在知识与技能、过程与方法、情感态度与价值观等方面都得到发展。这些评价方式主要包括纸笔测验、学习档案评价和活动表现评价等。

纸笔测验是一种重要而有效的评价方式。在高中教学中运用纸笔测验，重点应放在考查学生对化学基本概念、基本原理以及化学、技术与社会的相互关系的认识和理解上，而不宜放在对知识的记忆和重现上；应重视考查学生综合运用所学知识、技能和方法分析和解决问题的能力，而不单是强化解答习题的技能；应注意选择具有真实情景的综合性、开放性的问题，而不宜孤立地对基础知识和基本技能进行测试。

学习档案评价是促进学生发展的一种有效评价方式。应培养学生自主选择和收集学习档案内容的习惯，给他们表现自己学习进步的机会。学生在学习档案中可收录自己参加学习活动的重要资料，如实验设计方案、探究活动的过程记录、单元知识总结、疑难问题及其解答、有关的学习信息和资料、学习方法和策略的总结、自我评价和他人评价的结果等。

活动表现评价是一种值得倡导的评价方式。这种评价是在学生完成一系列任务（如实验、辩论、调查、设计等）的过程中进行的。它通过观察、记录和分析学生在各项学习活动中的表现，对学生的参与意识、合作精神、实验操作技能、探究能力、分析问题的思路、知识的理解和应用水平以及表达交流技能等进行评价。活动表现评价的对象可以是个人或团体，评价的内容既包括学生的活动过程又包括学生的活动结果。活动表现评价要有明确的评价目标，应体现综合性、实践性和开放性，力求在真实的活动情景和过程中对学生在知识与技能、过程与方法、情感态度与价值观等方面的进步与发展进行全面评价。

2. 学分评定方法

学分制不是评价方式而是课程管理方法。化学科目的学分评定由过程性评定、终结性评定和奖励性评定构成。其中过程性评定占40%，终结性评定占60%。

（1）过程性评定

过程性评定从出勤情况、作业情况、过程与态度等三个方面进行评定，共100分。

① 出勤情况（30分）

出满勤记30分，无故迟到、早退各一次扣0.5分，旷课一节扣1分，旷课一天扣5分，扣完为止，由指定学生做考勤员负责记录、初评，任课教师审核、评定。经批准的病、事假，学生事后补修所缺课时的，不扣分；若在模块学习前提出免于参加课时学习的申请，经学校批准后，可以免于参加授课学习，该项记满分；若旷课总节数超过总课时的1/3时，不能取得该模块学分。

② 作业情况（30分）

A. 作业质量（10分），由任课教师综合学习课时内的作业质量情况评定

B. 作业完成情况（20分）

能独立自主完成老师布置的作业，并按时上交，得20分，无故不交作业一次扣1分，未向任课教师提出申请而迟交作业每次扣0.5分，抄袭作业每次扣4分，扣完为止。由小组长和科代表完成记录、初评，任课教师审核、评定。

③ 过程与态度（40分）

对学生在模块学习的过程进行评价。主要从课堂表现、实验和活动、态度和方法、合作精神、创新能力等方面综合评定。

课堂表现的评价可从听课态度、记笔记情况、课堂参与程度、遵守课堂纪律、踊跃发言等方面进行评定。

学生的实验和活动指在化学实验、兴趣实验、研究性学习中的实验活动及其他化学活动中，根据学生的表现进行相应的评价。在实验活动中由实验前的准备、实验目的是否明确、实验操作是否规范正确、是否遵守实验室规定、是否如实填写实验报告等方面进行评价。由任课教师和实验教师进行评价。

学习态度可从学习目的性、学习兴趣、自信心、学习毅力和自制力、学习计划性、合作精神等方面全面考察学生的学习情感态度。

学习方法可从学习方法和技能的掌握、学习方法的积累和提高、知识的理解与创新、学习的反思与总结等方面考察学生的学习方法和技能。

（2）终结性评定

终结性评定由学校统一组织进行纸笔测试，满分100分。由学科备课组负责命题、评卷，并给出成绩。终结性评定由平时测试、期中测试和期末测试构成，其中平时测试占30%，期中测试占30%，期末测试占40%。

由于考试难易程度不容易把握，所以学校以该年级总人数的85%作为合格标准，即85%以上学生的分数超过60分，则以60分为合格分数线；如果60分以上人数不够85%，则以85%人数所达到的分数作为合格分数线。达到合格标准的给满分（30分或40分），未达到合格标准且在20分以上的扣5分，20分以下扣10分，0分不给分。

（3）奖励性评定

奖励性评定的目的是促进学生的个性发展，激励学生的行为目标。奖励分由学生提出申报，相关任课教师、教研组共同认定，校学分评定小组审核。奖励分细则如下表：

项目	级别	奖励分
化学奥林匹克竞赛	区级	5
	市级	10
	省级	20
	全国级及以上	30
化学论文、专著发表		10~20

说明：

① 奥赛指的是全国初赛浙江赛区级别以上的竞赛。

② 作品发表是指在公开刊物、杂志、报纸或其他媒体上发表作品。

③ 一项成绩不重复奖励学分，只给予最高级别的奖励学分。

（4）综合评定分

综合评定分 = 过程性评定 × 40% + 终结性评定 × 60%

奖励性评定学生的学科综合评定分在60分以上的，给予该模块满学分；在60分以下的不给予学分。

（六）校本课程

1. 高一化学竞赛

课程目标：为高一学有所余、对化学感兴趣的学生提供个性发展的学习平台；培养学生的思维能力、解题能力、逻辑能力；初步理解化学竞赛的内容、组织方式、学习特点，打好扎实的化学基础

课程内容：系统阐述高中化学知识，并按竞赛要求拓展提高

课程评价：过程性评价和终结性评价相结合的方法

适用年级：高一

课时：18课时以上

2. 高二化学竞赛

课程目标：熟悉初赛试题的题型，掌握竞赛题的解题方法和解题思路；理解相关的化学知识，构建系统化的化学知识体系；在各级竞赛中获奖

课程内容：按全国初赛的竞赛要求讲授相关的化学内容

课程评价：过程性评价和终结性评价相结合的方法

适用年级：高二

课时：18课时以上

3. 实验化学

课程目标：提高学生的实验操作能力、实验意识、创新能力，提高学生学习兴趣，学习使用一些先进的化学仪器，培养学生学会运用实验的手段来解决一些简单的化学问题

课程内容：教材实验的改进、化学实验发展史实、化学实验仪器的发展和应用、趣味实验和生活中的实验化学

课程评价：过程性评价和终结性评价相结合的方法

适用年级：高二

课时：9课时

4. 化学故事

课程目标：通过化学史实的阐述，使学生真实感受科学研究的过程，培养学生的科学素养

课程内容：化学史实故事

课程评价：以过程性评价为主

适用年级：高一、高二

课时：9课时或18课时

六、石桥中学高中历史学科课程设置与学分认定实施方案

（一）课程目标

普通高中历史课程，是用历史唯物主义观点阐释人类历史发展进程和规律，进一步培养和提高学生的历史意识、文化素养，促进学生全面发展的一门基础课程。通过对重大历史事件、历史问题、重要历史人物和各种历史现象的学习，使学生达成下列目标：

了解人类社会发展基本脉络，总结历史经验教训、继承优秀文化遗产、弘扬民族精神。

学会从历史的角度去了解和思考人与人、人与社会、人与自然的关系，进而关注中华民族以及全人类的命运。

培养学生健全的人格，促进个性的健康发展。

学会用马克思主义科学的历史观分析、解决问题。

培养学生自主、合作、探究学习的能力，进而培养学生的创新精神。

（二）课程内容

根据课程标准要求，高中历史新课程分为必修和选修课两种，三个必修模块和六个选修模块组成。

历史	必修Ⅰ（含9个专题）
必修模块	历史必修Ⅱ（含8个专题）
	历史必修Ⅲ（含8个专题）高中
	历史上重大改革回眸（含9个专题）历史
	近代社会的民主思想与实践（含7个专题）
选修模块	20世纪的战争与和平（含6个专题）
	中外历史人物评说（含6个专题）

达县石桥中学高中新课程学分管理的实践与研究

探索历史的奥秘（含7个专题）

世界文化遗产荟萃（含6个专题）

（三）教材分析

高中历史新课程较有权威的版本有四个：人教版、岳麓版、人民版、大象版。我校根据四川省统一要求采用人民版教材。人民出版社高中历史教科书以《课标》为依据，在引导学生完成历史知识学习的同时，注重学生分析问题、解决问题等各方面能力的培养。过去教科书往往在历史史实的表述后，将其历史作用、历史意义总结成若干要点直接呈现在教科书中，但是学生对历史现象的分析和对历史问题的认识不是看教科书中结论性文字就可以理解的。学生的认识需要一个过程，在历史课程上就是在历史学习的过程中，通过了解一些史实，利用一定的方法在探究的过程中逐渐形成。人民出版社的高中历史教科书就尽量使书中不出现结论性的表述，而是选编典型的、学生易理解的历史事件、历史现象，选取有代表性的历史图片，设计一些历史问题，引导学生利用一定的方法，在学习的过程中逐渐认识问题、解决问题。

人民出版社设计了全新的教材结构，这套历史教科书在紧扣《课标》的基础上，较大力度地对原有高中历史课程内容进行了新的整合，从必修和选修两个层面，以专题的形式重新建构符合高中学生心理特点和认知水平的教材体系。课文分为正、副文的形式也是人民版高中历史教材设计新颖独特之处。课文的正文部分是根据课程标准的要求编写的内容，是学生必须学习的，一般设有3~5个子目。该套教科书的正文部分语言生动活泼、浅显易懂，并且全部使用"大字"而没有采用"大小字"结合的方式，目的是使学生对课文的阅读能够连贯起来，知识的获得也连贯起来，同时也有利于培养学生形成良好的阅读习惯。教科书配有大量精选的历史图片，丰富了教科书的内容，给学生更直观的感受，帮助学生理解文字内容，培养学生学会看图表，使学生逐渐形成从图表中获取信息的能力。副文是指除正文之外的课文内容，在教科书中设以边框，包括"资料卡片""学习思考""知识链接""史学争鸣"等栏目。副文的设计改变了学生被动接受的学习方式，在帮助学生学习正文内容，丰富学生知识的同时，可以充分调动学生的学习积极性，发挥学生学习潜能。专题内容不以"课"而以数字排列，有利于教师灵活地组织教学。

第二部分　三个阶段

人民出版社高中历史教科书的编写为课程资源的利用和开发提供了空间。在过去的教学中，往往仅把教师看作是教学资源的利用者，没有作为教学资源的一种来开发和利用。而这次人民出版社高中历史教科书的编写给教师的教学很大的自由，教材中很少出现结论性的文字，而且教材呈现了最基本、最重要的历史知识，很多内容需要教师结合自己所掌握的课外知识来丰富历史教学，结合自身的特点进行教学设计，发挥自己的特长。教科书注重开发学生的潜能，强调学生探究性学习，重视学生学习方法和能力的培养，鼓励学生学习不拘泥于课本，尽可能广泛涉猎教科书外的相关知识并掌握获得知识的方法，培养学生多动手、自己解决发现问题、分析与解决问题的能力等。

新教材也存在很多弊端。如知识系统不完整，同期历史现象的联系不紧密；跳跃性大，专题新知识的学习缺少旧知识的铺垫；专题性的历史内容理论性强，学术化明显，学习难度大；各模块之间历史知识重复，学生产生厌烦情绪；中外时序上的双重编排，不利于横向比较等。

（四）课程设置

高中历史课程由9个课程模块构成，3个必修模块（必修历史 I、必修历史 II、必修历史 III）和6个选修模块（历史重大改革回眸、近代社会的民主思想与实践、20世纪的战争与和平、中外历史人物评说、探索历史的奥秘、世界文化遗产荟萃）。

1. 必修模块

必修课分为历史 I、历史 II、历史 III 三个学习模块，包括25个古今贯通、中外关联的学习专题，分别反映人类社会政治、经济、思想文化等领域重要的历史内容，是全体高中学生必须学习的基本内容。其中历史 I 侧重反映中外政治领域的重要知识，包括9个专题；历史 II 侧重反映中外经济社会生活领域的重要内容，包括8个专题；历史 III 侧重反映中外社会思想文化领域的重要内容，包括8个专题。必修课每个模块为36学时，2学分，共108学时，6学分。

2. 选修模块

高中历史选修课是供选择学习的内容，旨在促进学生的个性化学习，拓展学生的历史视野。选修课程共分为六大模块，共41个专题，分别为："历史上重大

117

改革回眸""近代社会的民主思想与实践""20纪的战争与和平""中外历史人物评说""探索历史的奥秘"和"世界文化遗产荟萃"。

达县石桥中学2010—2011学年学生高中历史课程设置表。

编号	模块名称	必修/选修	学分	主要预设对象	三年中第几次开设	开设时间	任课教师
1	必修 I	必修2	1	1	2	3	
2	必修 II	必修2	1	1	2	3	
3	必修 III	必修2	1	1	2	3	
4	20世纪战争与和平	选修2	1	1	2	3	
5	中外历史人物评说	选修2	1	1	2	3	
6	历史上重大改革回眸	选修2	1	1	2	3	
7	世界文化遗产荟萃	选修2	1	1	2	3	
8	近代社会的民主思想与实践	选修2	1	1	2	3	
9	探索历史的奥秘	选修2	1	1	2	3	

因为四川省历史统一会考，考试内容为必修课内容，所以必修模块必须在高一开设完毕，每周安排3学时，高一第一学期我们完成必修 I+ 必修 II 当中的一半内容，第二学期完成必修 II 当中的另一半内容 + 必修 III，三个模块共计6学分。选修模块主要安排在整个高二和高三第一学期，每周安排2课时，文科生要求选修三个模块，其中"中外历史人物评说"和"20世纪战争与和平"为必选模块，因为这是高考考试内容，每个模块2学分。选修模块没有顺序编排，学校可以根据实际情况合理安排课程，建议高三第一学期选修"世界文化遗产"和"历史上重大改革回眸"，第二学期全面进行高考总复习。

四川省普通高中历史新课程模块开设与学分安排表

年级	高一	高二	高三	科目	课程	必修
	上学期 下学期	上学期 下学期	上学期 下学期	历史	历史 I	
	历史 II／3（3）必修	历史 II 历史 III／3（3）	选修 IA3／2（2）	选修 IA4／2（2）	选修 IB1／2（2）	
	选修 IB6／2（2）	选修 IC2／2（2）	选修 IC5／2（2）	高考复习		

说明：表中"选修 IA3"，表示所有普通高中学校都必须开设，有志于人文社会科学方向发展的学生应当选修，并列入高考命题范围的历史选修模块3，其余类推；"选修 IB1"表示所有普通高中学校都应当开设、学生根据自己的实际情况和需求可选修的历史选修模块1，其余类推；"选修 IC2"，表示有条件的学校可增加开设历史选修模块2，使学生根据兴趣和进一步发展的需求自由选修，

其余类推；斜杠后的数字表示周课时数，如"／3"表示每周3课时；括号内的数字为学生修习完成后可获得的学分，如（2）为2学分。

（五）教学评价

1. 教学评价原则

教学评价对历史课程的实施起着重要的导向和质量监控的作用，是历史教学过程中不可缺少的重要环节，对课程改革起着保驾护航的作用。新课程实施过程中，我们必须打破以前的那种一考制评价标准，要采用评价的多元化。课程评价既要促进全体高中学生在科学素养各个方面的共同发展，又要有利于高中学生的个性发展。积极倡导评价目标多元化和评价方式的多样化，坚持终结性评价与过程性评价相结合、定性评价与定量评价相结合、学生自评互评与他人评价相结合，努力将评价贯穿于历史学习的全过程。除考查知识外，还必须考虑其他领域的发展，尤其要增进学生的探究与创新能力、合作能力、实践能力等方面的考查。我们要按照历史课程标准的要求，结合学校实际情况，科学合理、公平、公正地给学生以评价。

2. 学分评定方法

历史学科分评定由过程性评定和终结性评定构成。其中过程性评定占40%，终结性评定占60%。

（1）过程性评定

过程性评定从出勤情况、作业情况、过程与态度等三个方面进行评定，共100分。

① 出勤情况（30分）

出满勤记30分，无故迟到、早退各一次扣0.5分课一节扣1分，旷课一天扣5分，扣完为止，由指定学生做考勤员负责记录、初评，任课教师审核、评定。经批准的病、事假，学生事后补修所缺课时的，不扣分；若在模块学习前提出免于参加课时学习的申请，经学校批准后，可以免于参加授课学习，该项记满分；若旷课总节数超过总课时的1/3时，不能取得该模块学分。

② 作业情况（30分）

A．作业质量（10分），由任课教师综合学习课时内的作业质量情况评定

B．作业完成情况（20分）

能独立自主完成老师布置的作业，并按时上交，得20分；无故不交作业一次扣1分，未向任课教师提出申请而迟交作业每次扣0.5分，抄袭作业每次扣4分，扣完为止。由小组长和科代表完成记录、初评，任课教师审核、评定。

③ 过程与态度（40分）

对学生在模块学习的过程进行评价。主要从课堂表现、态度和方法、合作精神、创新能力等方面综合评定。

课堂表现的评价可从听课态度、记笔记情况、课堂参与程度、遵守课堂纪律、踊跃发言等方面进行评定。

学习态度可从学习目的性、学习兴趣、自信心、学习毅力和自制力、学习计划性、合作精神等方面全面考察学生的学习情感态度。

学习方法可从学习方法和技能的掌握、学习方法的积累和提高、知识的理解与创新、学习的反思与总结等方面考察学生的学习方法和技能。

（2）终结性评定

终结性评定由学校统一组织进行纸笔测试，满分100分。由学科备课组负责命题、评卷，并给出成绩。终结性评定由平时测试、期中测试和期末测试构成，其中平时测试占30%，期中测试占30%，期末测试占40%。

（3）综合评定分

综合评定分＝过程性评定×40%+终结性评定×60%

学生的学科综合评定分在60分以上的，给予该模块满学分；在60分以下的不给予学分。

（六）校本课程

1. **达州名人研究**

课程目标：通过学生对达州历史名人的了解，增强学生分析、评价人物的方法与能力，激发学生热爱家乡、建设家乡的情怀

课程内容：达州古代、近代、现代历史名人
课程评价：过程性评价和终结性评价相结合
适用年级：高一
课　　时：18课时

2. 达州乡土史

课程目标：通过对达州乡土史的了解，增强学生运用辩证唯物主义和历史唯物主义分析问题的方法与能力，让学生认识到家乡的发展变化，从而激发学生热爱家乡、建设家乡的情怀

课程内容：达州乡土历史
课程评价：过程性评价和终结性评价相结合
适用年级：高一
课　　时：18课时

3. 中国古钱币研究

课程目标：学生通过对中国古代钱币的了解，认识到文物是历史变化的证明，培养学生运用论从史出的方法和能力，激发学生学习历史的兴趣

课程内容：中国各个时期钱币
课程评价：过程性评价和终结性评价相结合
适用年级：高一
课　　时：9课时

4. 中国茶文化

课程目标：通过对中国茶文化的了解，让学生体会中国茶文化的博大精深，培养学生热爱生活的情操

课程内容：中国茶文化的发展史
课程评价：过程性评价和终结性评价相结合
试用年级：高一
课　　时：9课时

2009年12月22日

达县石桥中学高中新课程学分管理的实践与研究

高中实行学分管理的问卷调查

尊敬的各位老师、各位同学：

从 2009 年秋季起，四川省普通高中学校开始宣传新课改，2010 年 9 月全省高中将全部进入课程改革。新课改相较于目前的教育模式最大的区别就是实施学分管理，课程由必修和选修两部分构成，并通过学分描述学生的课程修习状况。按照教育部的规定，高中课程设置了语言与文学、数学、人文与社会、科学、技术、艺术、体育与健康和综合实践活动八个学习领域。要求学生每一学年在所有学习领域都获得一定学分，高中生三年中获得规定的 144 学分方可毕业。

我们想了解一下你们对此次教育改革的看法，希望你们能花几分钟时间帮我们做个调查。谢谢！

2010.1.12

1. 您的职业是（ ）
   A. 高中生　　　　B. 大学生　　　　　　C. 教师
2. 听过"学分管理"吗？了解吗？
   A. 听过，十分了解　B. 听过，但概念比较模糊　C. 没听过，不知道是什么
3. 你认为实行学分管理（ ）
   A. 很好，必须实行　　　　　B. 较好，可以实行
   C. 不好，不能实行　　　　　D. 无所谓，可实行也可不实行
4. 若学分制改革实行，你认为其造成的最大影响是什么？（ ）
   A. 有利于学生充分发挥学习主体的积极性与主动性
   B. 有利于培养与社会接轨的人才，提高我校人才综合素质
   C. 有利于使学校教育改革走在各地高中的前沿
   D. 不利于学校学生树立正确的学习观念，易形成浮躁、虚伪的气氛
   E. 不利于学校学生短期内重新适应，易造成心理上的负担
   F. 不利于学校优良校园文化氛围的形成

5. 如果实行学分管理,你觉得你/学生会(　　)(可多选)

　　A. 学生学习会更放松　　B. 学生学习有计划,自己主动选择学习

　　C. 学校管理难度加大　　D. 对老师授课要求提高,难度可以降低

　　E. 如无限制或指导,学生只选容易得学分的科目

6. 你觉得现行的学习任务(　　)

　　A. 压力大,功课多,无法接受

　　B. 压力不算大,功课少,还有部分潜力选修其他课程

　　C. 压力适中,功课一般,可以接受

　　D. 压力相当小,功课非常少,还有相当潜力选修课程

7. 你认为学校应该(　　)

　　A. 上好现有的课程　　　　　　B. 多开一些选修课或讲座

　　C. 增多一些文体、文艺活动　　D. 多开设专业技能训练课

　　E. 讲一些社交、人文、礼仪知识　　F. 外语提高

　　G. 电脑提高班　　　　　　　　H. 社会基本技能　　　　I. 其他

8. 你认为学分管理可以帮助你培养自身综合素质吗?(　　)

　　A. 对学分管理对于个人发展的帮助很大

　　B. 某些方面可以培养自己的综合素质

　　C. 不好说,要视自身兴趣及所参加活动而定

　　D. 学分管理会导致学生仅仅以拿学分及加分作为自身发展动力,不利于培养自身综合素质

9. 你认为推行学分管理的最大障碍和动力是?(　　)

　　A. 学校的硬件设施

　　B. 领导和教师的认识程度

　　C. 家长和社会的认识程度

10. 你认为对有特长的学生在特长上是否可以加分?(　　)

　　A. 可以加,但不能超过一定限度(该模块学分的三分之一)

　　B. 不能加,因为不能体现公平、公正的学分认定原则

11. 学分认定由学生学习过程表现和学业水平测试结果构成,两项目分值权重为4∶6,按此比例对学生实行综合评价认定学分,综合评价成绩在60分以上(含60分)的学生予以学分认定,未达60分的,不予认定。你认为这样行吗?(　　)

A. 可行，这样比较公平　　　　　　B. 不可行，这样很不公平
12. 你认为你的必修课与选修课学分的设置（　　）

A. 很合理，分值体现课程的重要程度　B. 较合理，某些课程分值设置合理

C. 不合理，分值没有参考价值　　　　D. 没有感觉，能够学分就可以

13. 对于自己目前所学专业的学分要求，你的态度是（　　）

A. 学分构成比例很好，在掌握必修课程基础上，可以选择自己喜欢的课程

B. 学分比例分配不均衡，有些课程觉得很多余，不想学却不得不学

C. 所谓，只要能够拿足学分顺利毕业就可以

D. 其他

14. 你是否满意本校现行的学分管理制度（　　）

A. 满意　　　　　　　　　　　　　B. 还不错，有少部分地方需要完善

C. 感觉一般，有大部分地方需要完善　D. 不满意

15. 对于现在的学习任务，你感到（　　）

A. 压力大，难以接受　　　　　　　B. 没有压力，还有很多潜力选修课程

C. 压力少，有部分潜力选修课程　　D. 压力适中，可以接受

必须大力推行学分管理问卷调查分析

四川省将于2010年秋季在全省普通高中拉开新课程改革的帷幕。与此同时,为了贯彻省、市相关文件精神,适应教育改革的需要,我校将于2010年秋在高2010级开始推行学分管理。为深化课堂教学改革,全面掌握学分管理的利与弊,我以传统的教学管理为参考对象,把学分管理与传统的教学管理相比较,设计了问卷调查表,对高2009级学生进行调查。调查结果表明学分管理很受学生欢迎。

一、问卷调查

(一)问卷调查的目的

我校将于2010年级开始推行学分管理。为了促进课堂教学改革的深入发展,全面掌握学分管理的利与弊,我以传统的教学管理为参考对象,把它与传统的教学管理相比较,设计了问卷调查表,对学生进行调查,通过对调查结果的分析研究学生对传统的教学管理的态度倾向,可以客观地了解学生的需求,以便更好地调整教学管理,培养社会需要的人才,以此衡量学分管理的利弊。

(二)各项问卷项目的数据统计

为更客观了解本校2007级(即现在的高三,传统教学管理的年级)和2009级(即实行学分管理的年级)不同代表类型的学生对传统教学管理教学与实行学分管理的认识而设计制定了11项问题的调查表,采用随机抽样的方式抽查了高一、高二年级每班的各10名同学共180名填写统计而得。结果见附表1—附表11。

附表1:你认为实行学分管理怎样?

顺 序	项 目	2007级	2009级
A	可以自主选课,使学生有一定自主选择空间	31%	42%
B	能以人为本,贯彻因材施教	23%	38%

达县石桥中学高中新课程学分管理的实践与研究

续 表

顺 序	项 目	2007级	2009级
C	能修满学分即可提前毕业	25%	17%
D	可以帮本人延长学习时间（如停学打工）修满学分后可毕业	13%	8%

附表2：学分管理问题调查问卷结果

顺序	项 目	2007级	2009级	顺序	项 目	2007级	2097级
A	本人学习更主动努力	72%	80%	B	本人学习会放松	28%	20%
A	本人学习会无计划，自己被动选择学习	13%	19%	B	本人学习更有计划，自己主动选择学习	87%	81%
A	学校教学管理更容易	54%	80%	B	学校教学管理难度大	46%	20%
A	对老师授课要求提高，难度加大	71%	80%	B	对老师授课要求需要提高，难度可以降低	29%	20%
A	如无限制或指导，学生只选易得分的学科	33%	40%	B	凭个人兴趣选课	67%	60%

附表3：现行的传统管理的特点

顺 序	项 目	2007级	2009级	顺 序	项 目	2007级	2009级
A	教学有计划性，统一	33%	32%	C	便于教学管理	22%	30%
B	要求标准一，统一	29%	26%	D	适应性强	16%	12%

附表4：传统管理的不足

顺 序	项 目	2007级	2009级	顺 序	项 目	2007级	2009级
A	与课改接轨慢	17%	35%	B	有升留级，不利于学生发展	16%	33%
C	不允许延迟毕业	6%	15%	D	统一的模式培养，学生发展专长、潜能与个性的发展	61%	17%

附表5：你认为现行的传统管理

顺 序	项 目	2007级	2009级	顺 序	项 目	2007级	2009级
A	很好，必须坚持	12%	10%	B	一般，可以接受	65%	28%
C	不好，必须改革	17%	54%	D	无所谓	6%	8%

附表6：你认为实行学分管理

顺 序	项 目	2007级	2009级	顺 序	项 目	2007级	2009级
A	很好，必须实行	20%	46%	B	较好，可以实行	66%	39%
C	不好，不必实行	4%	8%	D	无所谓，可实行也可不实行	10%	7%

附表7：你认为现时的学习任务

顺 序	项 目	2007级	2009级
A	压力大，功课多，无法接受	16%	7%

第二部分 三个阶段

续 表

顺 序	项 目	2007级	2009级
B	压力适中，功课一般，可以接受	65%	59%
C	压力不算大，功课少，还有部分潜力选修其他课程	14%	29%
D	压力相当小，功课非常少，还有相当潜力选修课程	5%	5%

附表8：你认为目前的课程设置

顺 序	项 目	2007级	2009级
A	较好，比较满意，对毕业找工作帮助大	28%	29%
B	基本可以，满意，对毕业找工作有一定帮助	44%	52%
C	一般，帮助不大，不满意，对毕业工作没多大帮助	10%	13%
D	较差，非常不满意，对今后毕业找工作无帮助	8%	4%

附表9：对学校教学工作及课程设置的希望（可选择三项填写），你认为应：

顺 序	项 目	2007级	2009级
A	上好现有的课程	28%	30%
B	多开一些选修课或讲座	30%	15%
C	多开设专业技能训练课	42%	50%
D	增多一些文体、文艺活动	20%	35%
E	讲一些社交、人文、礼仪知识	32%	39%
F	外语提高（含口语）	55%	47%
G	文秘办公知识与技能	9%	17%
H	电脑提高班	61%	57%

附表10：若实行学分管理，你认为其造成的最大影响是（可多选填写），你认为应：

顺 序	项 目	2007级	2009级
A	有利于学生充分发挥学习主体的积极性与主动性	21%	40%
B	利于培养与社会接轨的人才，提高综合素质	27%	30%
C	有利于使学校教育改革走在各地高中的前沿	18%	17%
D	不利于学校学生短期内重新适应，易造成心理上的负担	20%	12%
E	不利于学校优良校园文化氛围的形成	14%	8%
F	不利于学生树立正确的学习观念，易形成虚伪的学分	19%	14%

附表11：如果实行学分管理，你觉得你/学生会（　）(可多选)（可多选填写），你认为应：

顺 序	项 目	2007级	2009级
A	学分管理对于个人发展的帮助很大	39%	43%
B	某些方面可以培养自己的综合素质	25%	42%
C	不好说，要视自身兴趣及所参加活动而定	29.3%	29%
D	学分管理会导致学生仅仅以拿学分及加分作为自身发展动力，不利于培养自身综合素质	2%	6%

二、对统计数据的透析

在分析调查表之前首先确定差异标准。我们把此次调查的差异标准定在8%以下为基本无差别；8%~12%为有差别；12%~20%为差别明显；20%以上为差别非常明显，然后按此标准进行差别原因探讨分析。

（一）调查显示：大部分同学赞同实行学分管理

表1结果表明认同实行学分管理可以自主选课，使学生有一定自主选择空间，能以人为本，贯彻因材施教原则的，2007级A、B两项占54%；2009级占80%。

调查结果说明：①绝大部分同学认为实行学分管理，学生的自主性增加，自由度加大了，这恰恰说明新课改贯彻"以学生的发展为本"的育人理念，尊重了学生的主体地位，贯彻了因材施教的原则。②两个年级对实行学分管理的认同差别明显，差别是26%，据此分析我们认为是由于2009级宣传学分管理了以后，学生体验到新课改带来的好处，增强了学习的自主性。③认为实行学分管理后，学生会更轻松、主动、更有计划地学习，这有助于提高学习效率（见附表2）。2009级的百分率较2007级稍高，说明2009级宣传学分管理以后，同学们在学习习惯、学习能力、学习方法及学习效果上有很大的收获。④认为实行学分管理很好和可以的占80%以上(见表6)；认为不好和无所谓的占14%和15%，是少数，说明学分管理能给学生带来便利而为学生接受，表明实行学分管理已经势不可挡。⑤大多数同学认为学校安排的课程可以接受（表7）。说明大多数同学赞成实行，其中可看出：实行学分管理也是学生迫切的要求。其中认为现时学习任务不算紧，还有潜力选修其他课程的2007级学生占14%；2009级学生占29%；两者对比差异明显。说明如果实行学分管理教学2009级学生学习压力降低，比较2007级学生来说更有精力选修其他课程。

（二）统计以无可辩驳的事实说明传统教学管理的局限性和弊端显现无遗，已被学生广泛认可

问卷调查的数据显示，对于传统教学管理，绝大多数学生认为它计划性强、标准统一、便于管理，但适应性较差。（见表3）从深层次揭示出传统教学管理不利于学生特长、潜能与个性的发展的弊端。（见表4）由于2009级虽没有实行

学分管理教学，但学生对学分管理的认同率占 59%；而 2007 级学生的认同率占 38%；两者差异非常明显。可以认为没有实行学分管理教学的同学更希望能实行学分管理；2007 级学生比 2009 级学生在年龄上稍大，思考问题更全面，而且离毕业时间较近，更多地关注专长和潜能个性的发挥问题及运用能力的培养。

（三）调查还揭示：课程的开设体现了社会的需要

现在，学分管理学校总体开设的课程设置基本符合毕业找工作的要求（见附表 8），基本满意与满意者占 82%，但还希望增加一些选修课。（见表 9）

调查结果表明信息技术、外语、音、体、美等课是最受同学们欢迎的课程（见表 9）。学生还希望能学习更多的其他的知识。

（四）实行学分管理，对学生的发展产生了较大影响

表 10 表明学分管理有利于学生充分发挥学习主体的积极性与主动性，形成正确的学习观，培养与社会接轨的人才；有利于学生自身的发展，提高学生的综合素质（见表 11）。这进一步说明，学分管理已为绝大多数学生接受，成为学校管理工作的重要举措。

三、形成的结论与建议

（一）综上分析我们不难得出这样的结论：必须大力推行学分管理

实行学分管理是新课程改革的题中之义，是顺应时代发展、社会需求、学生成长的需要，是学校教育教学改革的必由之路，由于它在管理方面的独特优势备受同学们的欢迎，因而必须大力推行学分管理。

（二）对推行学分管理的建议

实行学分管理有利于尊重学生的主体地位、发展学生的兴趣。当学生们对自己所选的领域有兴趣时，学习就是一种快乐，一种享受，这有利于调动学生学习的积极性和发展自己的特长和个性，可起到事半功倍的效果。

学分管理的推行要求学校更新教育观念。教育机构的价值在于为学习者提供服务，满足他们为提高素质的各种要求，同时也要努力满足市场需求。既然是服务，就不能关门办学、守株待兔，而要主动走向社会，了解社会需求，既然是服

务，就要给学习者充分自主选择的机会。因此，学校要根据社会要求、学生需要，提供更多的选修课，以供学生选修，安排适合的场所，采取相应的措施，确保选修课顺利展开。

　　学分管理的实行要求教师要更新课堂教学观，提高自身素质。新的课堂教学观认为：教学是一个过程，是一个师生之间交往、互动的过程，并将这种过程升华，通过这种互动和交往，可以达到师生之间的共同发展。这要求每个教师都要努力学习与自己专业相关的新知识、新成果；研究改进教学方法；密切关注社会的发展需要；拓展新的专业知识，使自己在抓好学科教学工作的同时还能承担新的选修学科的教学任务。这样既能满足学生的需求又有利于教师队伍的良性循环，为国家和社会培养能够适合市场经济的需要的高素质劳动者。

第二阶段：提出学科间的差异，形成学科间的共性

《达县石桥中学高中阶段学科学分认定实施暂行办法》
——汇聚共识的学分管理初案

为了简化操作，以利落实，各学科组在剔除学科差异，查找学科间共性的基础上，集众人群智，形成了《达县石桥中学高中阶段学科学分认定实施暂行办法》即学分管理的初案。

一、（语、数、英、政、史、地）学科模块学分认定细则

（一）修习学时（总学时数 36）

等级划分

不合格等级：旷课累计达 6 学时以上或请假累计达 9 学时以上的。其他情况视为合格等级。

（二）学习过程综合表现

1. 课堂表现

甲（良好表现）

（1）遵守课堂纪律；

（2）积极参与小组合作学习；

（3）善于提出问题、分析问题，思维活跃；

（4）乐于帮助学习有困难的学生。

乙（不良表现）

（1）无故旷课 1 节以上；

（2）无故迟到、早退 2 次以上；

（3）看课外书或做小动作 2 次以上；

（4）经常不听课或不参加探究型课程；

（5）上课不带齐课本、学习用品或不做好课前准备且教育不改；

（6）很少主动提出问题或发表自己的看法或不同意见；

（7）扰乱课堂或对教师不敬。

评定标准

A. 能做到甲中所有条款的；

B. 有乙类中 4—6 任何一种表现；

C. 有乙类中 1—3 任何一种表现；

D. 有乙类中 1—6 中两种以上表现或 7 的表现。

2. 平时作业：评定标准

A. 能保质保量，按时完成作业；

B. 平时作业缺交或应付作业 1~2 次的；

C. 平时作业缺交或应付作业 3~4 次的；

D. 作业缺交或应付作业 5 次或以上的。

3. 平时测验：评定标准

A. 平时测验（年段单元测试和月考）每次都能及格的；

B. 平时测验（年段单元测试和月考）有一次不及格的；

C. 平时测验（年段单元测试和月考）有两次或以上不及格的；

D. 平时测验（年段单元测试和月考）中有抄袭他人，或提供条件供他人抄袭的或无故缺考的。

附：取各项目评定等级的平均等级（或平均偏上的等级）作为各要素总评等级总评等级划分如下：

取各要素总评等级的平均等级（或平均偏上等级）作为学习过程综合表现总评等级。

（三）模块考试考核（分值）对应的等级划分如下

模块考试考核（分值）对应的等级划分根据测试具体情况由任课教师确定。

一般要求如下：A级占全班人数的30%左右；B级占全班人数的40%左右；C级占全班人数的30%左右（含补考合格的学生，补考学生一般占全班人数10%左右）。

（四）学分认定

以上三个方面中若有一个方面被评为D级就不能获得2学分。以上三个方面无任何一个方面被评为D级就可以获得2学分。

二、（物理\化学\生物）学科模块学分认定细则

（一）修习学时（总学时数36）

等级划分

不合格等级：旷课累计达6学时以上或请假累计达9学时以上的。其他情况视为合格等级。

（二）学习过程综合表现

1. 课堂表现

甲（良好表现）

（1）遵守课堂纪律；

（2）积极参与小组合作学习；

（3）善于提出问题、分析问题，思维活跃；

（4）乐于帮助学习有困难的学生。

乙（不良表现）

（1）无故旷课1节以上；

（2）无故迟到、早退2次以上；

（3）看课外书或做小动作2次以上；

（4）经常不听课或不参加探究型课程；

（5）上课不带齐课本、学习用品或不做好课前准备且教育不改；

（6）很少主动提出问题或发表自己的看法或不同意见；

（7）扰乱课堂或对教师不敬。

评定标准

A. 能做到甲中所有条款的；

B. 有乙类中 4—6 任何一种表现；

C. 有乙类中 1—3 任何一种表现；

D. 有乙类中 1—6 中两种以上表现或 7 的表现。

2. 平时作业：评定标准

A. 能保质保量，按时完成作业的；

B. 平时作业缺交或应付作业 1~2 次的；

C. 平时作业缺交或应付作业 3~4 次的；

D. 平时作业缺交或应付作业 5 次或以上的。

3. 平时测验：评定标准

A. 平时测验（年段单元测试和月考）每次都能及格的；

B. 平时测验（年段单元测试和月考）有一次不及格的；

C. 平时测验（年段单元测试和月考）有两次或以上不及格的；

D. 平时测验（年段单元测试和月考）中有抄袭他人，或提供条件供他人抄袭或无故缺考的。

4. 实验操作：评定标准

A. 实验规范，有效，能提出新的实验方法，设计新的实验方案；

B. 实验规范，有效，但不能创新；

C. 实验基本规范，有效，无重大操作错误；

D. 实验出现重大操作错误，损坏仪器。

附：取各项目评定等级的平均等级（或平均偏上等级）作为各要素总评等级总评等级划分如下：

取各要素总评等级的平均等级（或平均偏上等级）作为学习过程综合表现总评等级。

（三）模块考试考核（分值）对应的等级划分如下

模块考试考核（分值）对应的等级划分根据测试具体情况由任课教师确定。一般要求如下：A 级占全班人数的 30％左右；B 级占全班人数的 40％左右；C 级占全班人数的 30% 左右（含补考合格的学生，补考学生一般占全班人数 10% 左右）。

（四）学分认定

以上三个方面中若有一个方面被评为 D 级就不能获得 2 学分。以上三个方面无任何一个方面被评为 D 级就可以获得 2 学分。

三、体育学科模块学分认定细则

（一）修习学时：36 学时（2 学分）

等级划分

不合格等级：旷课累计达 6 学时以上或请假累计达 9 学时以上的。其他情况视为合格等级。

（二）学习过程综合表现

1. 身体素质和运动能力

35~40 分为 A 级：身体素质优秀，运动能力突出，能充分发挥体育骨干的作用。
28~34 分为 B 级：身体素质优秀，运动能力突出。或身体素质一般，但进步较快。
24~27 分为 C 级：身体素质一般，对体育运动有兴趣，能积极参与运动。
24 分以下为 D 级：对体育运动没有兴趣，不能积极参与运动。

2. 基本知识与运动技能

   A. 能熟练掌握知识与技能；动作到位，节奏鲜明，各环节衔接准确，连贯自然；对技术动作有创新；
   B. 能熟练掌握知识与技能；动作到位，节奏鲜明，各环节能衔接好；
   C. 能基本掌握知识与技能；能完成动作，各环节能衔接上；
   D. 不能掌握知识与技能；动作完成不完整，衔接不连贯。

3. 学习态度与行为表现（15 分值）

   A. 上课积极，服装整齐，表现良好，对待学习与练习活动表现积极主动；
   B. 上课积极，服装一般，表现良好，对待学习与练习活动表现积极；

C. 上课积极，服装一般，表现一般，对待学习与练习活动表现一般；

D. 上课不积极，表现一般，对待学习与练习活动表现不主动。

4. 情意表现与合作精神（15 分值）

A. 在活动中热情高涨，努力展示自我，并能积极与他人合作，完成活动任务。能分享同伴的成功与失败，勇于克服困难；

B. 在活动中热情高，努力展示自我，并能积极与他人合作，完成活动任务。对于同伴的成功与失败，不能给予及时的评定；

C. 在活动中热情一般，能与他人合作，基本能完成活动任务；

D. 在活动中欠缺热情，不能与他人合作，完成任务的能力较差。不关心同伴的成功与失败。

附：取各项目评定等级的平均等级（或平均偏上等级）作为各要素总评等级
总评等级划分如下：

取各要素总评等级的平均等级（或平均偏上等级）作为学习过程综合表现总评等级。

（三）模块考试考核（分值）对应的等级划分

模块考试考核（分值）对应的等级划分根据测试具体情况由任课教师确定。一般要求如下：A 级占全班人数的 30%左右；B 级占全班人数的 40%左右；C 级占全班人数的 30%左右（含补考合格的学生，补考学生一般占全班人数 10%左右）。

（四）学分认定

在学习过程综合表现评定等级中，每项等级都在 C 级或 C 级以上，给予学分认定，若有一项等级为 D 级，不予学分认定。

四、艺术学科模块学分认定细则

（一）修习学时（总学时数 18）

等级划分

不合格等级：旷课累计达 3 学时以上或请假累计达 5 学时以上的。其他情况视为合格等级。

（二）学习过程综合表现

1. 课堂表现

甲（良好表现）

（1）无迟到和早退记录；

（2）遵守课堂纪律；

（3）喜欢上音乐（或美术）课，并能主动参与到音乐（美术）学习活动中；

（4）能积极参与小组合作学习；

（5）能懂得音乐（或美术）鉴赏的基本方法，投入音乐（或美术）的欣赏体验中去；

（6）能对音乐（或美术）作品有较好的感悟、描述、分析、解释、评价能力；

（7）能掌握音乐（或美术）学习基本技法，灵活运用，表达自己的情感和思想。

乙（不良表现）

（1）无故迟到、早退1次以上；

（2）看课外书或搞小动作2次以上；

（3）经常不听课或不参加探究性课程；

（4）上课不带课本；

（5）扰乱课堂或对教师不敬。

评定标准：

A. 能做到甲中1—4种表现及5—8中任何一种表现而无乙中任何表现的；

B. 有甲中1—4种表现而乙中任何一种表现的；

C. 有甲中1—4种表现又有乙中1—4中任何一种表现的；

D. 有乙中1—4中两种以上表现的或有5的表现的。

2. 探究能力

（1）能主动发现问题、提出问题；

（2）学习中有独立思考能力和独特的见解；

（3）能把新旧知识进行对照学习；

（4）能投入音乐（或美术）的欣赏体验中去；

（5）能触类旁通，把音乐（或美术）以及相关文化进行联系学习；

（6）有分析、综合与探究的能力；

（7）在实践中能与他人很好地合作学习，善于倾听意见和表达交流。

评定标准：

A. 有 1—4 中的两种表现及 5—7 中任何一种表现的；

B. 有 1—4 中的两种表现表现而无 5—7 中任何一种表现的；

C. 只有 1—4 中的一种表现的；

D. 没有任何表现的。

3. 课后拓展

（1）认为艺术（音乐或美术）素养是每个人必不可少的素养之一；

（2）能受到艺术（音乐或美术）作品的感染和陶醉；

（3）喜欢用学到的各种音乐（或美术）知识、技法，表达自己的创作欲望；

（4）课余时间学习艺术（音乐或美术）或参加艺术学科的兴趣小组及参加社会艺术实践活动。

评定标准：

A. 有 1—4 中所有表现的；

B. 有 1—4 中两种以上表现的；

C. 有 1—4 中两种或三种表现的；

D. 没有以上任何一种表现的。

附：取各项目评定等级的平均等级（或平均偏上等级）作为各要素总评等级总评等级划分如下：

取各要素总评等级的平均等级（或平均偏上等级）作为学习过程综合表现总评等级。

（三）模块考试考核（分值）对应的等级划分

模块考试考核（分值）对应的等级划分根据测试具体情况由任课教师确定。一般要求如下：A 级占全班人数的 30% 左右；B 级占全班人数的 40% 左右；C 级占全班人数的 30% 左右（含补考合格的学生，补考学生一般占全班人数 10% 左右）。

（四）学分认定

以上三个方面中若有一个方面被评为 D 级就不能获得 2 个学分。以上三个方面无任何一个方面被评为 D 级就可以获得 2 学分。

五、（信息、通用）技术学科模块学分认定细则

（一）修习学时认定（总学时数 36）

等级划分

不合格等级：旷课累计达 6 学时以上或请假累计达 9 学时以上的。其他情况视为合格等级。

（二）学习过程综合表现

1. 课堂表现

甲（良好表现）：遵守课堂纪律；无请假和旷课记录；积极参与小组合作学习；善于提出问题、分析问题，思维活跃；技能操作熟练；帮助学习有困难的学生。

乙（不良表现）：

（1）无故旷课 1 节以上；

（2）无故迟到、早退 2 次以上；

（3）看课外书或搞小动作 3 次以上；

（4）经常不听课或有参与探究型课程；

（5）上课不带齐课本、学习用品或不做好课前准备且教育不改；

（6）很少主动提出问题或发表自己的看法或不同意见；

（7）上课不爱护相关设备的，随便插拔周边设备（如键盘、鼠标等设备或者故意破坏设备的）。

评定标准：

A. 能做到甲中所有条款的；

B. 有乙类中 4—6 任何一种表现而无 1—3 任何一种表现的；

C. 有乙类中 1—3 任何一种表现的；

D. 有乙类中 1—6 中两种以上表现的或有 7 表现的。

2. 作业完成情况

主要是课堂上机作业完成的次数和质量、相关信息技术的论文和小制作、电脑作品小组协作专题学习等，着重鼓励学生自我制作电脑作品及小组协作专题研

究性学习活动。本项目主要由自我评价、学生互评、教师评价来完成。采取量规评价表进行，并使用描述性评价。

评定标准：

27~30 分：能保质保量，按时完成作业的；

22~26 分：平时作业未完成或应付作业 1~2 次的；

18~21 分：平时作业未完成或应付作业 3~4 次的；18 分以下：平时作业未完成或应付作业 5 次或以上的。

3. 小组合作学习表现

根据学生在小组合作学习过程中的分工、协作、互帮互助等表现给分。该项目由小组组长给分，教师协调。

4. 平时测验

A. 上学期期末考及下学期期中考都能在 80 分以上的；

B. 上学期期末考及下学期期中考都能在 70 分以上的；

C. 上学期期末考及下学期期中考至少有一次能在 60 分以上的；

D. 上学期期末考及下学期期中考都不及格者，或考试中有抄袭他人，或提供条件供他人抄袭的或无故缺考的。

附：各要素总评分 = 学生评分 ×20% + 小组评分 ×30% + 教师评分 ×50%

总评得分 = 各要素总评分之和

总评等级划分如下：85~100 分为 A 级；70~85 分为 B 级；60~70 分为 C 级；60 分以下为 D 级。

（三）模块考试考核

模块考试考核（分值）对应的等级划分根据测试具体情况由任课教师确定。

一般要求如下：A 级占全班人数的 30% 左右，B 级占全班人数的 40% 左右，C 级占全班人数的 30% 左右（含补考合格的学生，补考学生一般占全班人数 10% 左右）。

附：若学生参加与本模块内容相关作品创作等实践活动中有突出表现，并获得校级以上奖励的，模块测试可以免考并直接获得等级 A。

（四）学分认定

以上三个方面中若有一个方面被评为 D 级就不能获得 2 学分。以上三个方面无任何一个方面被评为 D 级就可以获得 2 学分。不取得学分者需要重新修习。

2010 年 1 月 22 日

达县石桥中学高中新课程学分管理的实践与研究

附：操作量表

达县石桥中学高中各学科模块

修习过程管理手册

高_____级_____班

第_____学期_____学科

_____模块

任课教师：_____

达县石桥中学高 _____ 级 _____ 学科 _____ 模块
修习过程管理

表 1-1　　　　　　　　任课教师：_____ 年 ____ 月 ___ 日

姓名	出勤扣分 1		出勤扣分 2		出勤扣分 3		出勤扣分 4		出勤扣分 5		出勤扣分 6	
	原因	扣分	原因	扣分	原因	扣分	原因	扣分	原因	扣分	原因	扣分

注：认定旷课每节扣 0.5 分，迟到视时间长短最高扣 0.5 分，本项 5 分扣完为止。

达县石桥中学高 _____ 级 _____ 学科 _____ 模块

修习过程管理

表 1-2　　　　　　任课教师：_____ _____ 年 ___ 月 ___ 日

姓名	课堂违纪扣分1		课堂违纪扣分2		课堂违纪扣分3		课堂违纪扣分4		课堂违纪扣分5		课堂违纪扣分6	
	原因	扣分	原因	扣分	原因	扣分	原因	扣分	原因	扣分	原因	扣分

注：

（1）本项满分15分由任课教师根据学生在课堂上的具体表现、视不同违纪情况酌情扣分定等。

（2）课堂违纪扣分1~6，包括：

① 隐蔽性违纪行为：上课不专心听讲，思想开小差，打瞌睡，不与老师合作，做其他的；

② 自娱性行为：吃零食，玩手机，看小说；

③ 他娱性行为：下象棋，打扑克，直呼老师名字和给同学取绰号，做鬼脸装怪相骚扰周边其他同学；

④ 扰乱性行为：坐立不安，吵吵嚷嚷，传纸条，乱抛物品，随意离开座位；

⑤ 不服从老师：故意大笑或起哄，嘲笑捉弄老师，随意离开课堂；

⑥ 矛盾冲突行为：同桌或前后相邻同学发生纠纷，互不相让，甚至打骂他人。

达县石桥中学高 _____ 级 _____ 学科 _____ 模块
修习过程管理

表 1-3　　　　　　任课教师：_____ 年 _____ 月 _____ 日

姓名	作业质量扣分						未交作业扣分					
	1	2	3	4	5	6	1	2	3	4	5	6

注：本项10分，任课教师可根据学生的作业质量、未交次数、字迹是否工整酌情扣分，期末定等计分。

达县石桥中学高中新课程学分管理的实践与研究

达县石桥中学高中各学科

学期模块修习得分统计表

高_____级_____班

第_____学期_____学科

_____模块

任课教师：_____

达县石桥中学高_____级_____学科_____模块
修习过程得分统计表

表 2-1　　　　　任课教师：_____　_____年___月___日

姓名	学习过程评价			阶段测试得分作业	折合得分模块检测得分	检测得分		加分	总分	学生签字
	出勤	课堂表现								

注：此表适用于语、数、英及政、史、地六科。

147

达县石桥中学高 _____ 级 _____ 学科 _____ 模块
修习过程得分统计表

表 2-2　　　　　　　任课教师：_____ _____ 年 ___ 月 ___ 日

姓名	过程性评价							检测得分		综合得分
	出勤	课堂表现	完成作业	实验操作1	实验操作1	实验操作1	实验操作1	阶段测试得分	模块检测得分	

注：此表适用于理、化、生及通用技术四科。分为四种等级：

（1）准备充分：程序正确，操作规范，能按时完成实验，无错误；善于观察记录；

（2）准备充分：程序基本正确，操作基本规范，能按时完成实验，无明显错误；能够做一定的观察记录；

（3）准备不够充分：程序基本正确，操作基本规范，不能按时完成实验，无重大失误；

（4）准备不够充分：程序出现错误，操作不规范，不能按时完成实验，有重大失误。

达县石桥中学高 _____ 级 _____ 学科 _____ 模块
修习过程得分统计表

表 2-3　　　　　任课教师：_____ _____ 年 ___ 月 ___ 日

姓名	观察性评价			模块考核		成绩	是否认定	学生签字	备注
	出勤	课堂表现	分值1	模块名称	分值2	分值			

注：此表适用于音、体、美及信息技术。

达县石桥中学高_____级学生
模块修习学分认定表

姓名		班级		性别	
学籍号		学科		课程类型（必修、选修）	
模块名称					
应修学时		实修学时		模块测试	
修习过程综合表现	项目	反思学习		任课教师评价	分值	
		学生自评	小组互评		各项分值	总分
	出 勤					
	课堂表现					
	修习作业					
	语言表达					
	试验操作					
综合实践	研究性学习		社区服务		社会实践活动	
修习时间					
学习态度					
水平测试		任课教师签字			
学科学分认定小组意见	年 月 日	年级组意见	年 月 日
教务处审核意见	年 月 日	教科室审核意见	年 月 日
学分认定委员会意见	年 月 日		

第二部分 三个阶段

达县石桥中学高 _____ 级学生第 _____ 学期
模块修习成绩报告单

班级			学籍号			姓名		
科目	模块名称	修习时间	课堂表现	完成作业	模块测试	总分	备注	
语文								
数学								
英语								
物理								
化学								
生物								
政治								
历史								
地理								
音乐								
体育								
美术								
信息技术								
通用技术								
综合实践活动	项目	获得成绩	选修Ⅱ	课程名称		等级	学分	
	研究性学习							
	社区服务							
	社会实践							
学期成绩统计						年 月 日		

151

达县石桥中学高 _____ 级学生第 _____ 学期

模块修习学分认定告家长通知单

姓名		班级		性别	
学籍号		学科		课程类型（必修、选修）	
模块名称					
应修学时		实修学时		模块测试	
修习过程综合表现	项 目	反思学习		任课教师评价	分 值
		学生自评	小组互评		各项分值 / 总分
	出 勤				
	课堂表现				
	修习作业				
	语言表达				
	试验操作				
综合实践	研究性学习		社区服务		社会实践活动
修习时间					
学习态度					
水平测试					
是否予以认定			任课教师签字		年 月 日
学科学分认定工作小组意见	年 月 日		教科室审核意见		年 月 日
教务处审核意见	年 月 日		学分认定委员会意见		年 月 日

达县石桥中学高中各学科模块修习过程管理

综合实践考核登记表（三表一卡）

高_____级_____班

第_____学期_____学科

_____模块

任课教师：_____

达县石桥中学高中学生第____学年
社区服务考核登记表

填表时间：_____ 年 ____ 月 ____ 日

姓名	过程性评价（70分）			合计	资料整理（满分100分）按30%折算成绩				合计	总分
	修习时间	学习态度	学习效果		服务计划	服务过程记录	总结	社区服务活动卡（资料）		
	10分	30分	30分		10分	10分	10分	70分		

达县石桥中学高中学生第 ____ 学年
研究性学习考核登记表

填表时间：_____ 年 ____ 月 ____ 日

姓名	过程性评价（70分）				资料整理（满分100分）按30%折算					合计	总分
	修习时间	学习态度	学习效果	合计	活动方案	研究过程记录	研究成果	课题鉴定结论	指导教师评价		
	10分	30分	30分								

达县石桥中学高中学生第 ____ 学年
社会实践活动考核登记表

填表时间：_____ 年 ____ 月 ____ 日

姓名	过程性评价（70分）				资料整理（满分100分）按30%折算					总分
	修习时间	学习态度	学习效果	合计	活动方案	活动过程记录	活动总结	单位证明材料	是否达成目标	合计	
	10分	30分	30分		10分	40分	10分	10分	30分		

第二部分　三个阶段

达县石桥中学高中学生第 ____ 学年
（研究性学习、社会实践活动、社区服务）
活动登记卡

填表时间：_____ 年 ___ 月 ___ 日

学生信息	姓名		性别		班级		
	学籍号						
活动对象				联系方式			
	活动项目		活动日期	活动时间（小时）	目标达成情况	活动总时间	
1							
2							
3							
4							
5							
6							
7							
8							
9							
10							
接受服务对象评语及签字或盖章	签字（盖章）： 年　月　日
综合实践小组意见	年　月　日
学生本人签字	年　月　日

157

第三阶段：材料

达县石桥中学
高中新课程模块修习学分认定与管理实施细则
（讨论稿）

根据教育部颁布的《普通高中课程方案（实验）》《教育部关于积极推进中小学评价与考试制度改革的通知》和四川省教育厅印发的《四川省普通高中学分管理办法（试行）》，为有效实施普通高中学生学分的认定与管理，结合我校的实际情况，特制定本实施细则。

一、学生学分管理与认定的组织机构

（一）设立课程指导委员会为学校新课实施的最高领导机构

主　任：×××

副主任：×××　×××　×××　×××

成　员：×××　×××　×××　×××　×××　×××　×××、高中各学科教研组长

（二）学校成立学分认定管理委员会

主　任：×××

副主任：×××

成　员：×××　×××、高中各年级组长

指导学分认定工作，对学分认定进行监督和裁定。

（三）学校学分认定管理委员会下设两个工作组

1. 新课程学分认定与管理研究工作组

组　　长：×××

成　　员：高中各学科教研组长，个别学科教师及教研员

负责制定各科学分认定的标准和操作办法，操作量表等方案文本文件。

2. 新课程学分认定与管理实施工作组

组　　长：×××

副组长：高中各年级组长

成　　员：高中各学科教师及教务处学籍管理人员。

负责学分认定，认定复查，建立学分记录档案。

（四）年级学分认定管理小组

小组组长：各年级组长

成员：各班主任及部分学科教师（必须保证每门学科有一位专职教师参与）。

负责各学科学分的具体认定，提供原始认定数据和档案。

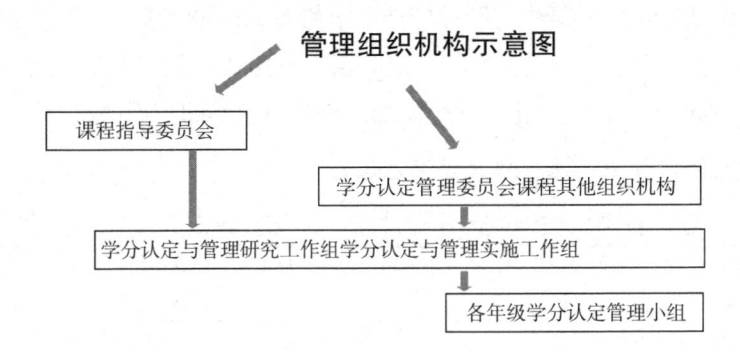

管理组织机构示意图

```
           课程指导委员会
              │
              ▼
        学分认定管理委员会课程其他组织机构
              │
   ┌──────────┴──────────┐
   ▼                      ▼
学分认定与管理研究工作组  学分认定与管理实施工作组
                         │
                         ▼
                   各年级学分认定管理小组
```

二、学分认定与管理的基本意义

高中新课程学习实行学分管理，通过学分描述学生的课程修习情况。学分管理是以学分为单位计算学习量的一种模式，它按照培养要求，规定各门课程的学习和学生应得的总分，以取得规定的最低限度以上的总学分作为学生达到毕业程度的标准。

学分由学校学分认定委员会认定，教务处负责具体实施与管理。

三、学分认定的基本内容

（一）学分构成的基本要素

（1）学生参加学校开设的课程模块修习过程记录，占30分。

（2）学生参加课程模块阶段性测试（半期考试），考试成绩与学习反思。学生参加修习完成课程模块考试（期末考试）成绩，共占70分，按照3∶7折算后取70%为总分。

（3）学生参加的各类学科创新活动加分，分值不限。

（二）学分认定内容与办法

1. 学科课程（必修与选修）

（1）课程模块修习过程性评价

过程性评价，主要着眼于学生修习课时、学生修习作业质量、学生课堂表现三个方面。过程性评价占30分。

① 学生修习课时（出勤）记录认定

学生修习时间至少须达到课程标准要求修习课时的4/5。本项占5分，低于此标准的不予认定学分，须重修。认定旷课每节扣0.5分，迟到视时间长短最高扣0.5分，本项5分扣完为止，学生参加课程修习的时间由授课教师登记。

② 学生修习作业（课后作业）记录认定

本项10分，教师根据学生的作业质量、欠交次数定等计分。

项目	完成作业，质量高	基本完成作业，质量较好	有时完成作业，质量一般	经常不按时完成作业，质量较差	从不完成作业
分值	10分	8分	6分	4分	0分

③ 学生课堂表现记录认定

此项满分为15分，课堂表现由教师根据学生在课堂上的具体表现，视不同违纪酌情扣分定等。

项目（课堂表现）	学习积极主动，回答问题质量高；能够提出新的问题或新的观点；从无违纪	学习积极性高，回答问题较好；从无违纪	学习积极性一般，回答问题一般；时有违纪	经常不遵守课堂纪律，受警告三次以上，经常不参与课堂活动，经常不完成课堂作业
分值	10分	8分	6分	3分

④ 扣分原则

扣分有据，当众宣布且记录在案，学生不服向年级学分认定管理小组申诉裁定。

（2）课程模块修习阶段性评价

阶段性评价，由阶段性测试成绩与学习反思两部分组成，阶段学习测试，由学校根据学生实际学习情况命题。取30%计入总分。查实作弊、旷考记0分，考场其他违纪、过早提前交卷由监考老师酌情扣分。

（3）课程模块考试成绩终结性评价

终结性评价，模块学习结束，由学校根据标准统一命题或委托专门机构命题或采用上级统考试题，并组织考试。取70%计入总分。查实作弊、旷考、考场其他违纪、过早提前交卷一律补考。

（4）课程模块修习成绩计分办法

课程模块修习过程性评价得分+（阶段性评价×30%+终结性评价×70%）×70%

（5）学科创新活动加分

对学科活动（比赛）获奖给予加分：校级获奖加2分，市级获奖加4分，省级获奖加6分，国家级获奖加8分。记入学科模块综合成绩。

对于积极开展学科探究与实践学习活动的学生给予加分：探究与实践学习活动，必须有探究与实践学习活动记录、活动时间、活动内容及活动成果等。教师根据探究与实践学习活动记录与结果酌情加分，分值不限，加至该模块评价综合得分为100分为止。

（三）综合实践活动课程学分认定办法

1. 研究性学习

（1）研究性学习活动课程设置

研究性学习三年共计15个学分，为必修学分。基于我校近年来开展研究性学习的现状以及高中生学习特点和学校课程管理等因素考虑，与自然、社会和学生生活相关的研究性学习内容，主要安排在高中一、二年级，要求学生在高一年

达县石桥中学高中新课程学分管理的实践与研究

级完成一个研究课题，高二年级完成两个研究课题。高一年级研究课题主要为社会生活类，通过研究让学生掌握一定的研究方法，是一般性的研究课题；高二年级研究课题可分为两类：学科结合类和自己感兴趣的学科结合起来（文科／理科），以小组形式进行探索、讨论、总结，便于互相监督、互相学习，学生的个性特长得到发展。研究报告可以是小发明和小制作；文学艺术素养类：阅读四大名著和选修课（校本课程）结合起来，旨在提高学生的兴趣；命题研究类：操作性强，有终结报告。

（2）研究性学习活动课程的组织形式

研究性学习活动采用小组合作形式在学生自愿结合的基础上，组成研究性学习活动小组，每组4~10人为宜，每位教师至少指导2个研究小组。在教师的指导下，学生根据每个人的条件，具体进行课题和角色分工，明确任务，既各展所长，又密切配合，以支持组内活动的顺利开展。

（3）研究性学习活动课程的学分认定

研究性学习学分以课题评价形式认定，由学生自评、互评和指导教师评价综合评定。认定研究性学习学分主要依据三方面材料：

① 课题研究方案占20分

② 课题研究学习过程占50分

指导教师的指导记录、课题组成员的调查活动记录、实验数据、观察笔记等占30分。具体反映每一成员参与研究的感受、体会、小结，占20分。

③ 课题研究学习成果，占30分

课题研究学习成果：论文、课件、实物等。

学生自评、互评为教师评价的主要参考依据。最后以教师评价为主。综合得分60分及以上获得相应学分；不及格者不认定学分，课题需重做或另做课题。

2. 社区服务

社区服务共计2分，为必修学分，学生利用节假日、课余时间进行，每学期不少于10课时，三年内总服务不少于10个工作日。

（1）社区服务课程内容设置

① 志愿者服务：参加学校各部门组织的新生报到引导接待、学校大型活动现场服务（礼仪接待、会场布置）、校运会后勤场地服务、校内外志愿者活动（5

人以上有组织、有计划进行）等。

② 社区文化活动：有组织地进行社区精神文明建设宣传、慰问孤儿院、敬老院等。

③ 文明卫生环保创建活动：有组织地进行交通文明劝导、社区文明创建、创卫宣传活动等。

④ 有目的有计划地参加户外拓展训练和职业体验活动（有参加单位的证明并参加学校组织的拓展训练和职业体验报告评比）。

（2）社区服务组织形式

学校组织的社区服务活动由学校政教处、团委统一登记。按课时记入《达县石桥中学学生社会实践活动登记册》"志愿者服务栏"中。学生自行组织活动统一领取志愿者服务记载表，经活动当地社区确认后上交团委，按课时记入《达县石桥中学学生社会实践活动登记册》"志愿者服务栏"中。

（3）社区服务学分认定

社区服务在学校综合实践活动课程领导小组领导下开展，具体由学校政教处、团委、学生会和年级组负责实施，班主任对本班学生的社区活动具体负责。学校依据既定程序和社区提供的相关材料，认定有效工作日及学分。参加社区服务少于10个工作日的，不认定学分，需补足社区服务工作日。

3. 社会实践

社会实践共计6学分，为必修学分。

（1）社会实践课程内容设置

① 承担校内班、团管理工作（含课代表、小组长、社团组织主要负责人、各种训练队负责人）、学生会管理工作（主要委员和部门负责人），承担校内住校生自律委员会成员、宿舍室长、参加班级值周班工作。

② 军训：参加军事知识培训、内务整理比赛、安全演习等。

③ 学生才艺展示及社团活动：组织学生参加校内大型文艺会演、体育竞技、学生社团活动，参加合唱团、艺术团、舞蹈队等训练。

④ 参加党课学习活动：参加校内各种讲座活动和年级主题比赛（手抄报、演讲、校园剧等）。

⑤ 德育基地活动：统一组织参观学校、省市团委确定的德育基地。

⑥ 引导学生关注我镇、我县在市场发展中的问题并进行参观考察，参加暑期社会调查实践小论文评比。

⑦ 暑期夏令营活动，外出旅游并参加学校旅游考察报告、摄影评比等。

⑧ 参加校园广播电视台、文学社活动等。

（2）社会实践课程组织形式

社会实践活动在学校综合实践活动课程领导小组领导下开展，以班级为单位，由学校统一组织，学校政教处、团委、学生会和年级组负责实施，班主任对本班的社会实践活动具体负责。社会实践中班内、校内工作由学校政教处、团委、学生会共同确定，校外社会实践调查由本班级同学组成小组（不少于5人），可根据学生居住地就近组织。

（3）社会实践学分认定

① 社会实践中"军训""值周""校务劳动"为学生必修内容，达到最低36课时，给予3学分。

② 暑期社会实践、班团工作及社会兼职、学生才艺展示及社团活动可让学生根据爱好特长选修，总课时达到108课时，记3个学分。

③ 社会实践必修内容因特殊原因不能参加的，需本人申请，学校同意，在选修内容中课时补足方给予学分。

（四）选修Ⅱ学分认定办法

选修Ⅱ是学校开设的校本课程，学生须从中修习6学分方达毕业要求，选修Ⅱ学分认定管理参照必修与选修Ⅰ执行。

（五）补考与重修

各科各模块修习最终成绩不合格者应参加该模块补考，补考成绩合格者方可予以学分认定。各科补考人数控制在考试总人数的20%以内：不及格人数超过考试总人数20%的科目，后20%学生视为不及格须补考；不及格人数在考试总人数20%以内的科目，不及格学生全部参加补考；补考仍不及格须参加下届相应学科模块的学分认定补考测试，直至补考成绩合格，各学科模块修习时限最长为正常毕业后的三年内，仍不合格者则无法获得高中毕业证。

按规定应重修的学科模块必须重修，并参加下一届的学分认定考试。补考参照上款执行。

补考按照成本核算收取补考费用，重修费用 100 元每模块。

四、学分认定实施程序

（一）学生自评

学生修习完一个模块，并参加考试（考核）后，填写修习学分申请表。申请表应记录修习的模块名称、修习学段、修习时数、任课教师以及申请学分数，应有对学习情感、态度的自我评价。

（二）小组评价

包括对小组成员学习态度、参与度、合作精神、知识能力水平的评价。

（三）教师评价

任课教师、指导教师综合学生自评、互评结果，结合模块修习过程记录、修习过程反映以及模块终结考试（考核）的情况等，向学校教务处提出学分认定的初步意见，并让学生本人确认签字。

（四）学分认定决定

各年级学分认定管理小组整理汇总本年级学生学分认定申请后上报学校学分认定与管理实施工作组做出是否获得学分的决定。

（五）学分认定公示

学校公告获得学分学生名单。对不能获得学分的，要书面说明原因，并告知学生本人。

（六）学分认定异议

学生对学校不予认定学分的决定有异议的，可在得到通知之日起两周内向学校学分认定委员会提出复议申请。学校接到学生复议申请后两周内召集有关人员，做出复议决定并通知学生。

五、学生毕业的学分要求

学生每学年在每个学习领域都必须获得一定学分。三年中要获得 116 必修学分（包括研究性学习活动 15 学分，社区服务 2 学分，社会实践 6 学分）；选修学分 28 学分以上（选修Ⅱ不低于 6 学分），总学分达到 144 学分方可毕业。

六、学分认定管理

建立和完善学分认定工作制度并严格执行，做到公正、公平、公开。建立学分认定诚信制度，为任课教师或指导教师建立诚信档案。在学分认定中有弄虚作假行为的，一经核实，将给予通报批评；造成恶劣影响的，要暂停或终止其学分认定资格。

学校的学分认定接受上级主管部门以及家长、社会的监督。

学生因考试成绩不合格或综合得分不及格而不能获得学分的，可以申请补考、重修、改修或放弃（必修课程不得放弃）。

省内各普通高中学校之间所得学分相互承认。

由于休学等原因造成学习过程间断的，其学分及相关材料可连续计算或使用。

学校设立学生学分档案，由教务处专人管理，妥善保管学生的各种学分认定材料。

本细则适用于我校实行《普通高中课程方案（实验）》的各年级。

七、本细则自 2011 年春季起实行，解释权归学校学分认定委员会。

八、附学分认定操作量表（见后）

附件：表一、表二、表三、表四、表五

达县石桥中学　黎军
2010 年 3 月 26 日

各科课程标准简明解读

从 2010 年秋季高一新生开始，新课程实行学分管理，以学分描述学生的课程修习状况。根据刚刚出台的《四川省普通高中学分管理办法（试行）》规定：学生每学年每个学习领域都必须获得一定学分，3 年中必须获得 116 个必修学分（包括必须获得研究性学习活动 15 学分，社区服务 2 学分，社会实践 6 学分），在选修 I 至少获得 22 学分，在选修 II 中至少获得 6 学分，总学分达到 144 学分方可毕业。

课程内容

新课程在学习内容安排上有两大亮点：

一是设置了综合实践活动这一全新的学习领域，纳入必修课程。学生每学年必须参加 1 周的社会实践，3 年中，学生必须参加不少于 10 个工作日的社区服务。共有 23 个学分，占全部必修课总学分的 20%，是所有学习领域中必修学分最高的，充分凸显了综合实践活动在高中新课程中的重要价值。

二是新开设了通用技术课程。从高二开始所有学校都要创造条件保证通用技术课程中"技术与设计 1""技术与设计 2"两个必修模块的开设。在完成必修模块教学的基础上，有条件的学校在高二年级和高三年级要尽量选开现代农业技术、家政与生活技术、汽车驾驶与保养等选修模块。例如，通过家政与生活技术模块的学习，学生能够掌握和运用换灯泡、修马桶、做凳子等日常生活常用技术。

课程实施

在课程实施上，选修课程的设置是这次高中课程改革的重大变化。选修课程分为两类：选修 I 课程和选修 II 课程。我省将文化学科的选修 I 分为了选修 IA

和选修 IB 两部分。选修 IA 的课程内容是各学科知识中最具基础性的、必须学习的模块。所有学校都必须开设，所有学生都必须修习。选修 IB 的课程内容由学校根据条件有选择地开设，学生在学校老师的指导下，有限度地、自主地选择修习。选修 II 课程由学校根据当地社会、经济、科技、文化发展的需要和学生的兴趣，自主研发开设若干选修模块，供学生选择。

各学科学分规定

语文

高中语文课程包括必修课程和选修课程两个部分，实行学分制，必修课程 10 学分，选修课程最高可达 14 学分。

必修和选修课程均按模块组织学习内容，每个模块 2 学分。半个学期（约 36 学时）完成一个课程模块。这样的设计有利于学校灵活安排课程，也有利于满足学生不同的兴趣和多样的学习需求，便于学生根据自己的实际情况选学或者重新学习某个模块的内容。

必修课程（A）包含"阅读与鉴赏""表达与交流"两个系列的目标，组成"语文一"（A1）至"语文五"（A5）五个模块。每个模块都是综合的，体现"阅读与鉴赏""表达与交流"的目标和内容。学生通过必修课程的学习，应该具有良好的思想文化修养和较强的运用语文的能力，在语文的应用、鉴赏和探究几个方面均衡地发展，为以后有选择地发展打下基础。必修课可在高一全学年及高二上的前半学期连续的五个阶段里循序渐进地完成，也可以根据需要灵活安排。选修课程设计五个系列：

诗歌与散文（B），小说与戏剧（C），新闻与传记（D），语言文字应用与探究（E），文化论著选读与专题研讨（F）。学校可根据本校的课程资源和学生的需求，于模块的内容组合以及模块与模块之间的顺序编排，各校可以根据实际情况变通实施，具体课程的名称由学校自定。

高中生的语文水平分为三个层次：

第一层次，必修课程 10 学分，按照各个系列的课程目标有选择地开设选修课程。各学校可以根据实际情况变通实施。

第二层次，必修 10 学分 + 选修 8 学分。

第三层次，必修 10 学分 + 选修 14 学分。

学生修满必修课的 10 学分便可视为完成了本课程的最基本学业，达到高中毕业的最低要求。

学生可根据自己的学习兴趣、未来就业的需要或所报考学校的要求，确定相应的水平层次，选修有关课程。

学生修满必修课 10 学分后，可以从五个系列的选修课中任意选修 4 门，获得 8 学分。加上必修课程学分，共获得 18 学分，达到报考高等学校的最低要求。达到第二水平层次的学生，从自己进一步发展的需要出发，或根据某些院校、专业招考和某些单位招聘的要求，可再从这五个系列里任意选修 3 门课，获得 24 学分，达到最高学分数。

数学

高中数学课程分必修和选修。必修课程由 5 个模块组成；选修课程有 4 个系列，其中系列 1、系列 2 由若干个模块组成，系列 3、系列 4 由若干专题组成；每个模块 2 学分（36 学时），每个专题上学分（18 学时），每 2 个专题可组成 1 个模块。据此，学生可以选择不同的课程组合，选择以后还可以根据自身的情况和条件进行适当调整。以下提供课程组合的几种基本建议。

（1）学生完成 10 个学分的必修课程，在数学上达到高中毕业的要求。

（2）在完成 10 个必修学分的基础上，希望在人文、社会科学等方面发展的学生，可以有两种选择：一种是，在系列 1 中学习选修 1—1 和选修 1—2，获得 4 学分；在系列 3 中任选 2 个专题，获得 2 学分，共获得 16 学分。另一种是，如果学生对数学有兴趣，并且希望获得较高数学素养，除了按上面的要求获得 16 学分；同时在系列 4 中获得 4 学分，总共获得 20 学分。

（3）希望在理工（包括部分经济类）等方面发展的学生，在完成 10 个必修学分的基础上，可以有两种选择。

一种是，在系列 2 中学习选修 2—1、选修 2—2 和选修 2—3，获得 6 学分；在系列 3 中任选 2 个专题，获得 2 学分；在系列 4 中任选 2 个专题，获得 2 学分，共获得 20 学分。

另一种是，如果学生对数学有兴趣，希望获得较高数学素养，除了按上面的要求获得 20 学分，同时在系列 4 中选修 4 个专题，获得 4 学分，总共获得 24 学分。

达县石桥中学高中新课程学分管理的实践与研究

英语

高中英语课程分为必修课程和选修课程两大类。必修课程的设计以义务教育阶段的五级为基础，通过学习使学生逐步达到七级目标要求。高中英语必修课程共分10个学分，学生修满10个必修学分即达到英语学科的合格毕业要求。学生需完成必修学分，并通过英语七级证书考试（即达到七级水平）方能获得申请大学学习的资格。

英语选修课程分为顺序选修课程和任意选修课程两大类。顺序选修课程是在英语七级水平的基础上，为学生提供达到八级和九级的课程。顺序选修课程共有五个模块，学生可以按顺序选修。任意选修课程允许学生在高中阶段任意选择，没有顺序要求。任意选修课程有三个系列，即语言知识与技能类、语言运用类和技能类、语言运用类和欣赏类。

政治

本课程采取模块式的组织形态，分为必修和选修两部分。各课程模块的内容相对独立，实行学分管理。必修部分是所有学生必须学习的课程，共8个学分，设4个课程模块。选修部分是学生自主选择的课程，共12个学分，设6个课程模块。

各课程模块均为36学时，经考核合格，可获2个学分。课程模块的开设顺序应根据学生的选择和学校的实际情况确定，必修模块的学习主要在高中一、二年级完成。

必修课程　思想政治1（经济生活）　思想政治2（政治生活）

思想政治3（文化生活）　思想政治4（生活与哲学）

选修误程　科学社会主义常识　经济学常识　国家和国际组织常识

科学思维常识　生活中的法律常识　公民道德与伦理常识

历史

必修课的构成："普通高中历史必修课分为历史（Ⅰ）、历史（Ⅱ）、历史（Ⅲ）三个学习模块，包括25个古今贯通、中外关联的学习专题，分别反映人类社会政治、经济、思想文化、科学技术等领域的重要历史内容，是全体中学生必须学习的基本内容"。

选修课的构成：历史选修课分为六个学习模块——1. 历史上重大改革回眸；

2. 近代社会的民主理论与实践；3. 20 世纪的战争与和平；4. 中外历史人物评说；5. 探索历史的奥秘；6. 世界文化遗产荟萃。

学分与学时：必修课每个学习模块为 2 学分，36 学时，三个必修模块共 6 学分，108 学时；选修课共六个学习模块。其中每个学习模块为 2 学分，36 学时；学生可根据自己的兴趣，任选若干个学习模块；凡有意在人文社会科学方向发展的学生，应至少选修其中的 3 个学习模块（6 学分）。

地理

高中地理课程注重与实际相结合，要求学生在梳理、分析地理事实的基础上，逐步学会运用地理原理、地下成因以及地理规律等。

高中地理课程内容的设计以可持续发展为指导思想，以人地关系为主线，以当前人类面临的人口、资源、环境、发展等问题为重点，以现代科学技术方法为支撑，以培养国民现代文明素质为宗旨，从而全面体现地理课程的基本理念。

高中地理课程由共同必修课程与选修课程组成。共同必修课程共 6 学分，由地理Ⅰ、地理Ⅱ、地理Ⅲ（各 2 学分，36 课时）三模块组成；选修课程由宇宙与地球、海洋地理自然灾害旅游地理城乡规划与生活地理信息技术应用（各 2 学分，36 课时）六模块组成。本课程标准对选修课程学习顺序不做具体规定，选修课可以在必修课之前之后，或同时学习。

报考普通高校相关专业（如地学、农林、经济、管理、军事等）的学生必须修满地理选修课程 4 学分。

物理

内容标准

（1）必修模块　物理 1　物理 2

（2）选修模块　选修 1—1　选修 1—2　选修 2—1　选修 2—2　选修 2—3　选修 3—1　选修 3—2　选修 3—3　选修 3—4　选修 3—5

本高中物理课程由 12 个模块构成，每个模块占 2 学分，其中物理 1 和物理 2 为共同必修模块，基余为选修模块。学生完成共同必修模块的学习后，可获 4 学分，接着必须再选择学习一个模块，以便完成 6 个必修学分的学习任务。在获得 6 个必修学分后，学生还可以根据自己的兴趣、发展潜力以及今后的职业需求继续学习若干选修模块。

本课程不仅通过选修模块体现了课程的选择性，而且还在必修模块中为学生有个性地发展提供了机会。学生完成共同必修模块学习后，已获 4 个必修学分，余下的 2 个必修学分可以通过选学后续课程获得。

完成必修学分的学习后，学生可以根据学习兴趣、发展潜能和今后的职业需求选学有关内容，学生最好参照"高中物理课程结构框图"的顺序选择课程，以便循序渐进，为今后发展奠定基础。学生也可以跨系列选学相关模块，根据需要决定学习某系列模块的先后顺序。

化学

高中化学课程由若干课程模块构成，分为必修、选修两类。其中，必修包括 2 个模块；选修包括 6 个模块，是必修课程的进一步拓展和延伸。每个课程模块 2 学分，36 学时。

学生在高中阶段修满 6 学分，即在学完化学 1、化学 2 之后，再从选修课程中选学一个模块，并获得学分，可达到高中化学课程学习的毕业要求。

鼓励学生尤其是对化学感兴趣的学生在修满 6 个学分后，选学更多的课程模块，以拓宽知识面，提高化学素养。建议有理工类专业发展倾向的学生，可修至 8 个学分；有志于向化学及其相关专业方向发展的学生，可修至 12 个学分。

化学课程标准是普通高校招生化学考试的命题依据。化学 1、化学 2 课程模块的内容是高校招生化学考试内容的基本组成部分。普通高校招生化学科的考试内容应对报考不同专业的学生有不同的要求：报考人文学科或社会科学专业的学生，最多不超过 3 个模块；报考理工类专业的学生，最多不超过 4 个模块；报考化学及其相关专业的学生，最多不超过 6 个模块。

生物

高中生物课程分为必修和选修两个部分。

必修部分包括"生物 1：分子与细胞""生物 2：遗传与进化""生物 3：稳态与环境"3 个模块。

选修部分有"选修 1：生物技术实践""选修 2：生物科学与社会"和"选修

3：现代生物科技专题"3个模块。每个模块36学时、2学分。

学生在学习了生物1的内容之后，可以学习生物2的内容，也可先学习生物3的内容。在修完必修模块的基础上，进行选修模块的学习。

学完必修获得6学分作为高中毕业最低要求，再根据需要选修1到2个模块，获得2~4个学分。

信息技术

信息技术课程作为一个科目，与通用技术共同归属技术领域。

高中信息技术课程包括必修和选修两个部分，共包括六个模块。

必修部分只有一个模块"信息技术基础"（2学分），建议在高中第一、二学期开设。与九年义务教育阶段相衔接，是信息素养的基础，是学习后续选修模块的前提。

选修部分包括"算法与程序设计""多媒体技术应用""网络技术应用""数据管理技术""人工智能初步"，每个模块2学分。

在必修模块的基础上，关注技术能力与人文素养的融合建构，是信息素养基础的继续。模块内容设计既注意技术深度和广度的把握、前沿进展的适度反映，同时关注信息文化理念的表述。建议在高中二年级第一、二学期或以后开设。

高中信息技术课程总学分为2+2+（x）其中必修2学分，科目内选修2学分，跨领域选修x学分。每个学生必须修满4学分，才能取得高中毕业资格。

必修2学分：信息技术基础

选修2学分：算法与程序设计、多媒体技术应用、网络技术应用、数据管理技术、人工智能初步选修＋学分跨领域选修

通用技术

高中通用技术课程立足九年义务教育的基础，以基础的、宽泛的、与学生日常生活联系紧密的技术内容为载体，以进一步提高学生的技术素养、促进学生全全面而富有个性的发展为目标。

通过本课程的学习，学生将进一步拓展技术学习的视野，学会或掌握一些通用技术的基本知识和基本技能，掌握技术及其设计的一般思想和方法；具有一定的技术探究、运用技术原理解决实际问题以及终身进行技术学习的能力；形成和

保持对技术的兴趣和学习愿望，具有正确的技术观和较强的技术创新意识；养成积极、负责、安全地使用技术的行为习惯，发展初步的技术能力和一定的职业规划能力，为迎接未来社会挑战、提高生活质量、实现终身发展奠定基础。

高中通用技术课程在实现以上目标的同时，注重学生创新精神和实践能力的培养，并着力在以下几个方面形成目标上的独特追求：技术的理解、使用、改进及决策能力；意念的表达与理念转化为操作方案的能力；知识的整合、应用及物化能力；创造性想象、批判性思维及问题解决的能力；技术文化的理解、评价及选择能力。

必修课程

必修课程是全体高中学生必须修学的课程内容。它为后续的选修课程提供了必要的基础。其内容标准规定了高中毕业生必须达到的最低技术素养水平。

通用技术课程的必修内容为技术与设计。它包括2个模块："技术与设计1"和"技术与设计2"。

选修课程

选修1：电子控制技术；选修2：建筑及其设计；选修3：简易机器人制作；选修4：现代农业技术；选修5：家政与生活技术；选修6：服装及其设计；选修7：汽车驾驶与保养。

修完必修的两个模块并获得4个学分，作为高中毕业的最低要求。在此基础上学生可以根据自己的兴趣和未来就业或升学的需要修学选修模块。建议具有工科、农科取向的学生在获得必修的4个学分之后，至少再选修4个学分。

四川省普通高中课程设置方案（试行）

根据《教育部关于印发＜普通高中课程方案＞（实验）和语文等十五个学科课程标准（实验）的通知》（教基〔2003〕6号）和《四川省教育厅、四川省财政厅、四川省人事厅、四川省机构编制委员会办公室关于普通高中课程改革的意见》川教〔2009〕226号）精神，结合我省普通高中实际，特制订本方案。

一、课程设置的基本原则

（一）认真落实教育部《普通高中课程方案（实验）》和各学科课程标准（实验）的基本精神和要求，科学设置普通高中课程。

（二）努力构建重基础、多样化的课程体系，整体设置必修课，合理设置选修课，为每一位学生的发展奠定基础，同时满足不同学生个性发展需要。

（三）紧密结合我省经济社会发展水平和普通高中教育发展实际，有利于课程的顺利实施，有利于调动学校实施课程的积极性和创造性。

二、课程设置

（一）课程结构

普通高中课程由学习领域、科目、模块三个层次构成。

1. 学习领域

普通高中课程设置语言与文学、数学、人文与社会、科学、技术、艺术、体育与健康和综合实践活动八个学习领域。

2. 科目

每一领域由课程价值相近的若干科目组成。八个学习领域共包括语文、外语

达县石桥中学高中新课程学分管理的实践与研究

（英语、日语、俄语等）、数学、思想政治、历史、地理、物理、化学、生物、艺术（或音乐、美术）、体育与健康、信息技术、通用技术等科目。鼓励有条件的学校开设两种或多种外语。

3. 模块

每一科目由若干模块组成。模块之间既相互独立，又反映学科内容的逻辑联系。每一模块都有明确的教育目标，并围绕某一特定内容，整合学生经验和相关内容，构成相对完整的学习单元。

普通高中课程由必修和选修两个部分构成，并通过学分描述学生的课程修习状况。具体设置如下（表1）：

表 1　普通高中课程设置及学分表

学习领域	科目	必修学分	选修学分Ⅰ	选修学分Ⅱ
语言与文学	语文	10	根据社会对人才多样化的需求，适应学生不同潜能和发展的需要，在共同必修的基础上，各学科课程标准分类别、分层次设置若干选修模块，供学生选择	学校根据当地社会、经济、科技、文化发展的需要和学生的兴趣，开设若干选修模块，供学生选择
	外语	10		
数学	数学	10		
人文与社会	思想政治	8		
	历史	6		
	地理	6		
科学	物理	6		
	化学	6		
	生物	6		
技术	信息技术	4		
	通用技术	4		
艺术	音乐	3		
	美术	3		
体育与健康	体育与健康	11		
综合实践活动	研究性学习	15		
	社区服务	2		
	社会实践	6		
学分合计		116学分	至少获得22学分	至少获得6学分

说明：

① 学生学习一个模块并通过考核，可获得2学分（其中体育与健康、音乐、美术每个模块1学分）。

② 学生每学年在每个学习领域都必须获得一定的学分，三年中需获得116个必修学分（包括研究性学习活动15学分，社区服务2学分，社会实践6学分）和至少28个选修学分（选修Ⅰ至少获得22学分，选修Ⅱ至少获得6学分），总学分达到144学分方可毕业。鼓励学生修习更多的选修模块，获得更多学分。

（二）课程内容

普通高中课程内容为教育部《普通高中课程方案（实验）》和各学科课程标准（实验）规定的内容。语言与文学、数学、人文与社会、科学领域的选修1分为选修ⅠA和选修ⅠB。选修ⅠA为学校必须开设的、修习人文方向或理工方向的学生按各科目要求必须修习的模块；选修ⅠB为各学科课程标准规定的供学生进一步发展、自主选择修习的模块。

课程内容具体安排如下（表2）：

表2 普通高中课程设置及模块安排表

学习领域	科目	必修	选修Ⅰ 选修ⅠA	选修Ⅰ 选修ⅠB	选修Ⅱ
语言与文学	语文	必修1、必修2、必修3、必修4、必修5	传记选读 语言文字应用	选修ⅠA之外的选修模块	学校根据当地社会、经济、文化发展的需要和学生兴趣开设选修模块或专题
语言与文学	外语	英语1、英语2、英语3、英语4、英语5	英语6 英语7	选修ⅠA之外的选修模块	学校根据当地社会、经济、文化发展的需要和学生兴趣开设选修模块或专题
数学	数学	数学1、数学2、数学3、数学4、数学5	人文方向：选修1-1、选修1-2；理工方向：选修2-1、选修2-2与2-3	人文方向：选修系列3、系列4；理工方向：选修系列3、系列4	学校根据当地社会、经济、文化发展的需要和学生兴趣开设选修模块或专题
人文与社会	思想政治	必修1、必修2、必修3、必修4	人文方向：经济学常识	人文方向：选修ⅠA之外的选修模块；理工方向：选修模块	学校根据当地社会、经济、文化发展的需要和学生兴趣开设选修模块或专题

达县石桥中学高中新课程学分管理的实践与研究

续　表

学习领域	科目	必修	选修Ⅰ A	选修Ⅰ B	选修Ⅱ
人文与社会	历史	历史Ⅰ、历史Ⅱ、历史Ⅲ	人文方向：选修Ⅰ历史重大改革回眸，选修2近代社会的民主思想与实践	人文方向：选修Ⅰ A之外的选修模块；理工方向：选修模块	学校根据当地社会、经济、文化发展的需要和学生兴趣开设选修模块或专题
人文与社会	地理	地理1、地理2、地理3	人文方向：选修5自然灾害与防治；选修6环境保护	人文方向：选修Ⅰ A之外的选修模块；理工方向：选修模块	
科学	物理	物理1、物理2、人文方向：选修1-1；理工方向：选修3-1	理工方向：选修3-2，选修3-4	人文方向：选修1-2；理工方向：选修3-1、选修3-2、选修3-4之外的选修模块	
科学	化学	化学1、人文方向：化学与生活；理工方向：选修3物质结构与性质	理工方向：选修4化学反应原理，选修5有机化学基础	选修Ⅰ之外的选修模块；理工方向：选修3、选修4、选修5之外的选修模块	
科学	生物	生物1、生物2、生物3	理工方向：选修1生物技术实践	理工方向：选修Ⅰ A之外的选修模块；人文方向：选修模块	
技术	信息技术	信息技术基础；在算法与程序设计、网络技术与应用、数据管理技术中任选1个模块	未修习的选修模块		
技术	通用技术	技术与设计1、技术与设计2	选修模块		

续 表

学习领域	科目	必修	选修Ⅰ 选修ⅠA	选修Ⅰ 选修ⅠB	选修Ⅱ
艺术	音乐	音乐欣赏；在歌唱、演奏、音乐与舞蹈、音乐与戏剧表演、创作中任选1个模块	选修模块		学校根据当地社会、经济、文化发展的需要和学生兴趣开设选修模块或专题
艺术	美术	美术欣赏；在绘画、雕塑、设计、电脑绘画/电脑设计、书法、篆刻、摄影/摄像、工艺中任选2个模块			
综合实践活动	研究性学习	三年至少完成3个专题研究			
综合实践活动	社区服务	三年中必须参加10个工作日社区服务			
综合实践活动	社会实践	每学年参加1周社会实践活动			

（三）课程安排

普通高中学制为三年。每学年52周，其中教学时间40周，社会实践1周，假期（包括寒暑假、节假日和农忙假）11周。

每学年分为两个学期，每学期分两学段安排课程。一般情况下每学段10周，其中9周授课，1周复习考试。每周按5天安排教学，原则上每周按35学时安排教学，每学时为45分钟。

语文、外语、数学、思想政治、历史、地理、物理、化学、生物、信息技术、通用技术科目的每个模块教学时间通常为36学时，一般按每周4学时安排（1个学段内完成）或每周2学时安排（1个学期内完成）；音乐、美术、体育与健康等科目的1个模块教学时间通常为18学时，一般按每周2学时安排（1个学段内完成）或每周1学时安排（1个学期内完成）。

研究性学习活动时间三年共计270学时；学生每学年必须参加1周的社会实践；学生三年中必须参加不少于10个工作日的社区服务。

我省普通高中课程具体安排如下（表3）：

达县石桥中学高中新课程学分管理的实践与研究

表3 普通高中课程设置及学时安排指导表

表3—1 模块及学时

学习领域	科目	第一学年 上学期 学段1	第一学年 上学期 学段2	周学时	第一学年 下学期 学段1	第一学年 下学期 学段2	周学时	第二学年 上学期 学段1	第二学年 上学期 学段2	周学时	第二学年 下学期 学段1	第二学年 下学期 学段2	周学时	第三学年 上学期 学段1	第三学年 上学期 学段2	周学时	第三学年 下学期 学段1	第三学年 下学期 学段2	周学时
语言与文学	语文	必修1	选修ⅠA 传记选读	4	必修2	选修ⅠB	4	必修3	选修ⅠB	4	必修4 必修5	选修ⅠB	4	选修ⅠA	选修ⅠB	4	学校安排一定的选修课程，同时安排总复习
	英语	英语2	英语1	4	英语3	英语4	4	英语5	选修ⅠB	4	选修ⅠA	选修ⅠB	4	选修ⅠA 英语7	选修ⅠB	4	
数学	数学	数学1	数学4	4	数学5	数学2	4	数学3 理工方向	选修ⅠB	4	选修ⅠA 1-2	选修ⅠB	4				
								数学3 人文方向	选修ⅠA	4	选修ⅠB	选修ⅠB	4	选修ⅠA; 2-2	选修ⅠB	4	
人文与社会	思想政治	必修1	必修2 理工方向	4	必修3	必修4	4	2	选修4	2	选修ⅠB	2	选修ⅠA	选修ⅠB	4	
	历史	历史（1）	历史（Ⅱ）理工方向	2	历史Ⅲ	选修ⅠA 历史（Ⅲ）	2	选修ⅠB	4	选修ⅠB	2	选修2	选修ⅠB	4	

180

第二部分　三个阶段

表 3-2

模块及学时

学习领域	科目	第一学年 上学期 学段1	第一学年 上学期 学段2 周学时	第一学年 下学期 学段1	第一学年 下学期 学段2 周学时	修习方向	第二学年 上学期 学段1	第二学年 上学期 学段2 周学时	第二学年 下学期 学段1	第二学年 下学期 学段2 周学时	第三学年 上学期 学段1	第三学年 上学期 学段2 周学时	第三学年 下学期 学段1 学段2 周学时总
人文与社会	地理	地理1	2	地理2 理工方向	2	人文方向	地理3	2	选修 IA	选修 IB	4	选修 IA, 选修6	选修 IB	4	学校安排一定的选修课程，同时安排总修复习
							地理3	2							
科学	物理	物理1	2	物理2 理工方向	2	人文方向	选修3-1	2	选修 IA, 选修3-2	选修 IB	2	选修 IA; 1-2	选修 IB	4	
						选修3-1	4	选修IA 3-4	2	选修 IB; IA, 选修4, IB	选修 IB	4	4		
	化学	化学1	2	化学2 理工方向	2	人文方向	选修3	2	选修 IA	选修 IB	2	选修 IA	选修 IB	4	
										2					
	生物	生物1	2	生物2 理工方向	2	人文方向	生物3	2	选修 IA	选修 IB	2	选修1	选修 IB	4	

181

达县石桥中学高中新课程学分管理的实践与研究

表3—3

学习领域	科目	第一学年 上学期 学段1	第一学年 上学期 学段2	周学时	第一学年 下学期 学段1	第一学年 下学期 学段2	周学时	修习方向	第二学年 上学期 学段1	第二学年 上学期 学段2	周学时	第二学年 下学期 学段1	第二学年 下学期 学段2	周学时	第三学年 上学期 学段1	第三学年 上学期 学段2	周学时	第三学年 下学期 学段1	第三学年 下学期 学段2	周学时
技术	信息	信息技术基础		2								技术与设计1		2						
技术	通用								技术与设计1		2	技术与设计2		2						
艺术	音乐	音乐欣赏		1	音乐欣赏		1		必修（选择）		0.5	选修			选修		2	学校安排一定的选修课程，同时安排总复习		
艺术	美术	美术欣赏		1	必修（选择）		1		必修（选择）		0.5									
体育	体育	必修（选择）		2	必修（选择）		2		必修（选择）		2	必修（选择）		2	必修（选择）		2	必修（选择）		2
综合实践活动	研究性学习	3		3			3		3		3	3		3	3		3			
	社会实践	每学年1周							每学年1周						每学年1周					
	社区服务	3年中至少10个工作日																		
	人文方向			33			33				34			34			32			
周学时合计	理工方向			33			33				34			34			34			

说明：1. 选修Ⅱ至少需要108学时，内容由学校根据具体情况安排。2. 各地和学校可根据实际情况对有关学科模块的安排顺序在学年内进行适当调整。

182

三、课程实施

（一）合理有序地安排课程

高中一年级主要设置必修课程，然后逐步增设选修课程；高中三年级下学期，学校应保证每个学生有必要的体育、艺术等活动时间，同时鼓励学生按照自己兴趣和需要继续修习某些课程，获得一定学分，也可以安排总复习。

按照各学科课程标准的要求，学校必须开齐各学科必修模块，同时要积极创造条件，制定开设选修课程的规划，为学生学习选修课程提供保障。学校必须开齐各学科选修IA模块，开足学时。学校应统筹开设选修IB模块，让学生有充分的选课空间，学生可跨班级选修。省级以上示范性普通高中学校应按"普通高中课程设置及学时安排指导表"的要求，开足选修IB的学时，其他普通高中学校应根据学校实际尽力开足选修IB的学时，供学生修习选修IB课程。学校应结合当地经济社会文化发展的实际，积极开设丰富多样的选修Ⅱ课程，供学生选修。

学校要积极组织和指导综合实践活动，通过研究性学习、社区服务、社会实践等课程，引导学生关注生活与社会，增强社会责任感，提高收集与处理信息的能力、综合运用知识解决问题的能力、交流与合作的能力、创新与实践的能力。

为加强集体主义教育，发展学生的团队精神和合作意识，高中三年以行政班为单位进行学生管理，开展教育活动。

（二）建立选课指导制度

学校要建立行之有效的校内选课指导制度，避免学生选课的盲目性。学校应编制课程设置说明和选课指导手册，并在选课前及时提供给学生。班主任和学科教师有指导学生选课的责任，要与学生建立相对固定而长久的联系，为学生形成符合个人特点的、合理的课程修习计划提供指导和帮助。学校要引导家长正确对待和帮助学生选课，学校要鼓励学生选修更多的模块，使学生实现有个性的发展。

（三）建立以校为本的教学研究制度

学校应建立以校为本的教学研究制度，鼓励教师针对教学实践中的问题开展教学研究，重视不同学科教师的交流与研讨，创设有利于引导教师创造性实施课程的环境，使教师能依据课程标准的基本要求，通过同伴互助、教学反思，创造性地开展教育教学活动,使课程的实施过程成为教师专业发展的过程,不断提升教师的教育教学专业技能。学校应与教研部门、高等院校等建立联系,形成有力推动课程发展的专业咨询、指导和教师进修网络。

(四)建立课程资源共享的机制

为保障普通高中课程的实施,学校应加强课程资源建设,充分挖掘并有效利用校内现有课程资源。同时,大力加强校际之间以及学校与社区的合作,充分利用职业技术教育的资源,补充校内课程资源的不足,努力实现课程资源的共享,尽可能满足学生的选课需求。

学校课程的开发要因地制宜;努力为当地经济建设和社会发展服务,注重普通高中教育、职业技术教育与成人教育的融合与渗透。农村地区的高中学校要结合农村建设和发展的实际开发课程资源。

学校课程既可以由学校独立开发或联校开发,也可联合教研部门和高等院校等共同开发;要积极利用和开发基于现代信息技术的课程资源,建立广泛而有效的课程资源网络,努力构建具有特色的学校课程。

(五)建立发展性评价制度

实行学生学业成绩与成长记录相结合的综合评价方式。学校应根据目标多元、方式多样、注重过程的评价原则,综合运用观察、交流、测验、实际操作、作品展示、自评与互评等多种方式,为学生建立综合、动态的成长记录手册,全面反映学生的成长历程。教育行政部门要对高中教育质量进行检测。

四川省普通高中学分管理办法（试行）

根据《教育部关于印发＜普通高中课程方案（实验）和语文等十五个学科课程标准（实验）的通知》（教基〔2003〕6号、《四川省教育厅关于印发＜四川省普通高中课程设置方案（试行）＞的通知》〔川教2010〕28号）精神，为规范普通高中学生学分认定和管理行为，确保学分认定的科学性、真实性和公正性，推进普通高中课程实施，特制定本办法。

一、学分要求

普通高中通过学分描述学生的课程修习状况。学生每学年在每个学习领域都必须获得一定的学分，三年中需获得116个必修学分（包括研究性学习活动15学分，社区服务2学分，社会实践6学分）和至少28个选修学分（选修Ⅰ至少获得22学分，选修Ⅱ至少获得6学分），总学分达到144个学分方可毕业。学校鼓励学生修习更多的选修模块，获得更多学分。

二、学分认定的条件

（一）学科类课程学分认定条件

模块修习学时达到规定要求。语文、外语、数学、思想政治、历史、地理、物理、化学、生物、信息技术、通用技术科目的每个模块教学时间通常为36学时；艺术（或音乐、美术）、体育与健康等科目的每个模块教学时间通常为18学时。

模块考核合格。模块修习完成后，学校应及时组织考核。模块考核可采取笔试、口试、实验操作、实践活动、研究报告等形式。学校应将学生的修习过程情况纳入模块考核内容。考核成绩分合格、不合格两个等级。考核成绩不合格的，应进行补考。

学生修习一个模块，学时达到规定要求、模块考核（含补考）合格，可获得 2 学分（其中体育与健康、音乐、美术每个模块通常为 1 学分）。经学校同意，个别学生因特殊情况修习学时不足但模块考核合格，也可获得相应学分。

（二）综合实践活动学分认定条件

1. 研究性学习活动

学生认真参加研究性学习活动，三年内研究性学习活动时间达到规定学时要求，完成至少 3 个专题（项目）研究，总结性评价合格，可获得 15 学分。

2. 社区服务

学生热心参与社区服务，三年内参加社区服务的时间不少于 10 个工作日，总结性评价合格，可获得 2 学分。

3. 社会实践

学生积极参加社会实践，每学年参加社会实践的时间必须达到 1 周，总结性评价合格，可获得 6 学分。

（三）选修Ⅱ课程学分认定条件

通常情况下，学生修习模块或专题的时间达到 18 学时，考核、评价合格，可获得 1 学分。

三、学分认定的程穿

学分认定工作由学校负责组织实施。学校成立由校长任主任、有关部门负责人和学科教师为成员的学分认定委员会。

任课教师或指导教师根据学生修习和考核、评价情况，提出学分认定的初步意见，报学分认定委员会。

学分认定委员会对初步意见进行审核，形成学分认定书面意见，并由学分认定委员会主任签章。

学校公布获得学分的学生名单。对未能获得学分的，学校要书面通知学生本人。学生如对本人的学分认定结果有异议，可在接到通知之日起 15 个工作日内向学校学分认定委员会提出复核申请。学校学分认定委员会应在接到学生复核申请之日起 15 个工作日内组织复核，并将复核结果书面通知学生本人。

学校对未获得学分的学生，应及时指导学生通过补足学时、补考、重修或改修其他课程等办法获得学分。

四、学分认定的管理

各级教育行政部门应加强对普通高中学校学分认定工作的指导、管理和监督，对学分认定管理工作实行责任追究制度。

学校应高度重视学分认定工作，建立和完善管理制度，制定本校学分认定的实施细则，规范操作程序，严肃工作纪律，确保学分认定的真实性和严肃性。

本省行政区内学校认定的学分具有同等效力，学校之间相互承认。

由其他省（市、区）转入我省的，转入学校应承认学生在转出学校所获得的学分。

学生休学期满复学后，其已获得的学分和有关材料可继续有效。

学校应建立学分认定工作档案资料的管理制度，妥善保存相关资料，并将学分认定结果及时记入《四川省普通高中学生综合素质评价报告册》，并按有关规定上报主管教育行政部门。

达县石桥中学
高中新课程模块修习学分认定与管理
实施细则（试行）

根据教育部颁布的《普通高中课程方案（实验）》《教育部关于积极推进中小学评价与考试制度改革的通知》和四川省教育厅印发的《四川省普通高中学分管理办法（试行）》，达州市教育局下发的《达州市教育局关于普通高中学分管理的实施意见（试行）》，为有效实施普通高中学生学分的认定与管理，参照课改先行省区部分名校的做法，结合我校的实际特制定本细则。

一、指导思想：

为适应经济、科技和社会发展对人才培养的需求，满足学生多样化的学习需要，充分落实学生在教学过程中的"主体"地位，全面贯彻因材施教的原则，促进学生的个性发展和创新能力的培养，优化学生的知识结构，推动学校素质教育的全面落实。据此我校特制定《四川省达县石桥中学高中新课程模块修习学分认定与管理实施细则》。

二、认定与管理的意义

高中新课程学习实行学分管理，通过学分描述学生的课程修习情况。学分管理是以学分为单位计算学习量的一种模式，它按照培养要求，规定各门课程的学习和学生应得的总分，以取得规定的最低限度以上的总学分作为学生达到毕业程度的标准。

学分由学校学分认定委员会认定，教务处负责具体实施与管理。

三、学分认定的管理机构与职责

（一）设立达县石桥中学学分认定委员会为学校新课程实施中学生学分认定的最高领导机构。其成员如下：

主　任：×××

成　员：×××、×××、×××、×××、××× 及高中各年级组长

职　责：

××× 全面负责学校新课程实施及学生学分认定工作；×××、×××、××× 主要负责学分认定过程中的监督工作，认定过程中产生的纠纷的仲裁工作；×××、×××、××× 具体指导高中各年级组完成该年级学生学分的认定；××× 主任主要负责学分认定过程中的学籍、组织模块考试及省级水平测试，最终完成学生学分的建档记录；××× 主要负责学分认定过程中的过程性考核工作及学分认定细则的完善工作；××× 主要负责学生综合实践活动的过程性及终结性评价工作；高中各年级组长和教研组长、备课组长一道负责本年级各学科的学分认定。

（二）学分认定委员会由下列四个机构组成：

1. 学分认定的纠纷调解机构　第一条线

组　长：×××

成　员：×××、×××、×××

职　责：负责学分认定过程中的监督，解决新课程实施及学分认定过程中出现的纠纷，并作裁定。

2. 学分认定的实施机构　第二条线

学校学分认定由学分认定与管理细则的研究与完善、学科学分认定与管理的执行、综合实践活动评价三个大块组成。分别由教科室、教务处及政教、安办、体卫艺组成的综合组负责实施。

（1）学分认定与管理细则的制定与完善组。该组由教科室负责。

组　长：×××

成　员：高中各学科教研组长，个别学科教师及教研员负责制定与完善各科学分认定的标准和操作办法、操作量表等方案文本文件。

（2）学科学分认定与管理的执行组。该组由教务处牵头年级组与各学科组负责具体实施。

组　　长：×××

副组长：高中各年级组长

成　　员：高中各年级组长、各班班主任、学科教研组长及教务处学籍管理人员。

负责教师对学习过程性评价登记表的考核，模块测试，省级学业水平测试，综合实践活动的评价，学分认定，认定复查，建立学分记录档案。

下设年级学分认定工作组和各学科学分认定工作组。

① 年级学分认定工作组

组　　长：年级组长

成　　员：各班班主任　备课组长　任课教师

职　　责：年级组组长组织各班班主任、备课组长和任课教师完成本年级学分的认定工作；各班班主任在年级组长的领导下，配合备课组长和任课教师完成本班学生的学分认定工作；备课组长在年级组长的领导下，在班主任的支持下，指导相关学科的任课教师完成所教班级学生在对应学科学分的认定工作；任课教师则配合年级组和备课组长完成所教班级学生对应学科学分的认定工作。

② 各学科学分认定工作小组

语文组

组　　长：×××

成　　员：×××、×××、×××、×××、×××、×××

数学组

组　　长：×××

成　　员：×××、×××、×××、×××、×××、×××

英语组

组　　长：×××

成　　员：×××、×××、×××、×××、×××、×××

政治组

组　　长：×××

成　　员：×××、×××、×××

历史组

组　　长：×××

成　　员：×××、×××

地理组

组　　长：×××

成　　员：×××、×××

物理组

组　　长：×××

成　　员：×××、×××

化学组

组　　长：×××

成　　员：×××、×××

生物组

组　　长：×××

成　　员：×××、×××

音乐组

组　　长：×××

成　　员：×××、×××

体育组

组　　长：×××

成　　员：×××、×××

美术组

组　　长：×××

成　　员：×××、×××

技术组

组　　长：×××

成　　员：×××

职　　责：任课教师配合年级组，在备课组长的指导下完成所教班级学生对应学科学分的认定与复查，建立学分记录档案。

（3）综合实践活动评价组。该组由政教、安办、体卫艺、团委负责实施。

组　　长：×××

成　员：×××、×××、×××、×××及高中三个年级组长

　　职　责：组长协调政教、安办、体卫艺、团委四部门的负责人配合年级组组长组织各班班主任完成本年级学生综合实践部分学分的认定工作；各班班主任在学校相关处室及年级组组长的领导下，协助任课教师完成本班学生综合实践部分的学分认定工作；任课教师在学校相关处室的领导下则配合班主任和年级组组长完成所教班级学生综合实践部分学分的认定工作。

3. 学分认定与管理监督机构　第三条线

① 学校监督机构

　　组　长：×××

　　副组长：×××　×××　×××

　　成　员：

教师代表：高2010级 ×××　×××　×××　×××　×××　×××

学生代表：高2010级 ×××　×××　×××　×××　×××

　　　　　　　　　×××　×××　×××　×××

教务处学籍管理人员：×××

② 社会监督机构

家长委员会

4. 管理组织机构示意图

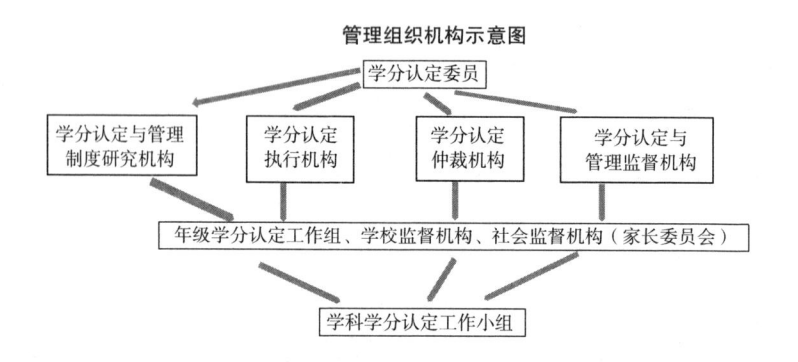

管理组织机构示意图

```
                     ┌──────────────┐
                     │ 学分认定委员 │
                     └──────┬───────┘
       ┌────────────┬───────┼────────┬────────────┐
  ┌────┴─────┐ ┌────┴────┐ ┌┴────┐ ┌──┴───────┐
  │学分认定与│ │学分认定 │ │学分 │ │学分认定与│
  │管理制度  │ │执行机构 │ │认定 │ │管理监督  │
  │研究机构  │ │         │ │仲裁 │ │机构      │
  │          │ │         │ │机构 │ │          │
  └──────────┘ └─────────┘ └─────┘ └──────────┘
  │年级学分认定工作组、学校监督机构、社会监督机构（家长委员会）│
                     │学科学分认定工作小组│
```

四、基本程序

（1）学生按规定完成课程（模块）修习并经考试或考核后，由个人提出申请并认真填写《达县石桥中学学分认定申请表》。

（2）任课教师和年级组进行审核并提出初步意见。

任课教师或指导教师根据学分认定条件，提出对学生学分认定的初步意见并签字，报学科学分认定工作小组和年级组。原则上学生学习过程性表现、学业水平测试、模块考核及综合实践活动水平测试四项分别达到所占分数的60%即可进行学分认定。

（3）初步意见报教科室、教务处汇总。

学科组和年级组根据任课教师或指导教师上报的关于学生学分认定的初步意见，参照《达县石桥中学学分管理细则》，查阅过程性管理中的各种量表，加盖"学科学分认定"和"年级学分认定"的公章后，向教科室和教务处提出学分认定的年级意见。

（4）教科室与教务处审查后，分别加盖"达县石桥中学教科室学分管理"和"达县石桥中学教务处学分管理"的公章后，提交学校学分管理委员会。

（5）学校学分管理委员会召开学分认定委员会会议，确定是否认定学分。

（6）学分认定委员会主任签署认定意见并加盖"四川省达县石桥中学"的公章。

（7）年级组公示获得学分的学生名单，并将通知单送达家长。

（8）复议申请。

学生对学校做出的学分认定意见如有异议，可在公示或接到通知之日起15日内通过年级组向学校学分认定委员会提出书面复议申请。学分认定委员会接到复核申请之日起15日内进行复核，并将复核结果书面通知学生本人。

（9）补修与重考。

学校对学分"不予认定"的学生，应根据原因指导学生补足学时、重考、重修或改修其他课程模块（必修课程不得改修）。对学分"不予认定"的学生的重考由学校自行命题组织。

（10）学校学分认定程序示意图。

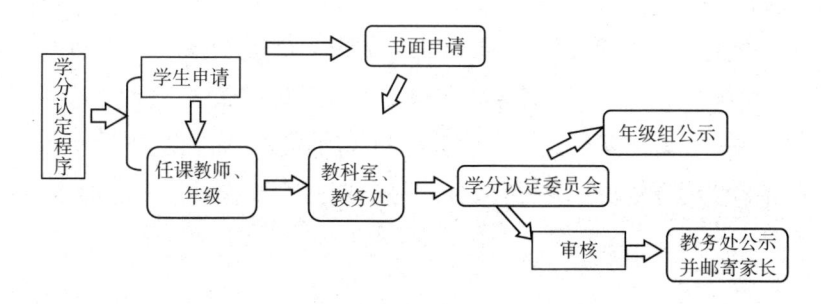

五、学分制管理的基本原则

（1）学生修习任何课（包括选修课程成绩合格），就可取得该课程规定的学分。

（2）不同选修课程的相同学分值具有等值性，即学生所获得的不同课程的学分数可简单叠加为总学分。

（3）学生三年可以取得的学分：必修116学分，选修Ⅰ文科45学分、理科48学分，选修Ⅱ6学分。

六、模块课时与学分设置

（1）新课程由必修和选修两部分组成，通过学分来描述学生的课程修习情况。学分包括必修学分（116学分）、选修学分Ⅰ（文科45学分、理科48学分）、选修学分Ⅱ（至少6学分）三部分。总学分达到144方可毕业。各学科必修学分具体分配为：语文10、外语10、数学10、思想政治8、历史6、地理6、物理6、化学6、生物6、技术（含信息技术和通用技术）8、艺术或音乐美术6、体育与健康11、研究性学习15、社区服务2、社会实践6。

（2）每学年52周，其中教学时间40周，社会实践1周，假期（包括寒暑假、节假日）11周。每学期分两个学段安排课程，每段10周，其中9周授课，1周复习考试。每个模块通常为36学时。

（3）学生学习一个模块并通过考核，可获得2学分（其中体育与健康、艺术、音乐、美术每个模块原则上为18学时，相当于1学分），技术的8个必修学分中，信息技术和通用技术各4学分。

（4）研究性学习活动是每个学生的必修课程，三年共计15学分，分四个学期进行。具体做法：每周安排3节课，采用集中学习和分组研究的方式开展，高一（上）为准备阶段；高一（下）、高二每个学期各安排1个课题；高三（上）为反思、提高和完善阶段。

（5）学生每学年必须参加1周的社会实践，获得2学分；三年中学生必须参加不少于10工作日的社区服务，获得2学分。具体做法：社会实践，每学年一周时间。高一、高二集中进行国防教育和劳动实践；高三以校园绿化、图书管理等实践活动为主要内容；社区服务，每学期两个工作日，以志愿者活动形式开展。

（6）对参加高考的学生，选修I分为限定选修和自由选修两个部分。限定选修是人文方向或理工方向发展的学生在必修基础上还需修习的内容。人文方向的学生限定选修为28学分，理工方向的学生限定选修为34学分；自由选修是根据学生自身发展需要选择修习内容，学生进行自由选修时必须达到该学习领域规定的最低学分，自由选修不低于17学分。

（7）选修II至少6学分，其中地方课程的通用部分2学分，专题部分1学分，学校课程至少3学分。具体做法：校本课程设人文、科学、艺术、体育健康4类16个模块，学生三年中至少修完每类中的一个模块。

（8）每个模块通常为36学时，2个学分。数学系列3和系列4的每一个专题是1学分；音乐的必修学分中，一个模块是2学分，另一个模块是1学分；美术、体育与健康每个模块都是1学分。

七、学分认定的参照依据

（一）学分认定的分值和权重

学分认定由学生学习过程性表现和学业水平测试结果构成，两项分值权重为3∶7。学校要在每一模块考核后及时予以认定。

（二）过程性评价（30%）

1. 学科学习过程性的认定（30%）

学习过程性表现包括学生学习时间、课堂表现、作业、听说能力和实验操作测试等，累计满分为30分。

（1）学生修习时间（课时或出勤）记录认定（5分）。

学生修习时间要达到课程标准要求课时的4/5以上。本项占5分，低于此标准的不予认定学分，须重修。认定旷课每节扣0.5分，迟到视时间长短最高扣0.5分，本项5分扣完为止，学生参加课程修习的时间由授课教师登记。

因病假、事假未能达到规定学时的，通过课余时间补课达到要求给予认定。修习时间未能达到要求的不予认定学分。

（2）课堂表现包括学生的学习态度、对课堂的参与度、提出问题和解答问题的数量和质量等；作业质量含作业完成的次数和质量。（15分）

① 学生课堂表现记录认定（8分）

此项满分为8分，课堂表现由教师根据学生在课堂上的具体表现，视不同违纪情况酌情扣分定等。

等级	学习积极主动，回答问题质量高，能够提出新的问题或新的观点；从无违纪	学习积极性较高，回答问题较好；从无违纪	学习积极性一般；回答问题一般；时有违纪	经常不遵守课堂纪律，受警告三次以上，经常不参与课堂活动，经常不完成课堂作业
分值	8分	7分	6分	4分

② 学生修习作业（含课后作业）记录认定（7分）

本项7分，教师根据学生的作业质量、欠交次数定等计分。

等级	全部完成作业，质量高	基本完成作业，质量较好	有时完成作业，质量一般	经常不按时完成作业，质量较差	从不完成作业
分值	7分	6分	4分	2分	0分

（3）听说能力和实验操作测试根据不同模块的要求进行设置。（8分）

① 听说能力（2分）

语言听说能力（2分）	语文（2分）	等级	能够运用普通话，语言流畅，表达准确、生动	能用普通话表达，且内容基本正确	能用普通话，但普通话很不标准，表达中时有错误信息	不能用普通话表达，表达中常出现错误信息
		分值	2分	1.8分	1.6分	1.2分
	英语（2分）	等级	能听懂比较复杂的对话；口语流畅，表达清晰	能听懂简单的对话；能进行简单的交流	能听懂部分简单的对话；表达困难	不能听懂简单的对话；不能进行简单的交流
		分值	2分	1.8分	1.6分	1.2分

② 实验操作（6分）

试验操作能力（6分）	理、化、生及通用技术	等级	准备充分；程序正确，操作规范，能按时完成实验，无错误，善于观察记录	准备充分；程序基本正确，操作基本规范，能按时完成实验，无明显错误；能够做一定的观察记录	准备不够充分，程序基本正确规范，操作基本规范，不能按时完成实验，无重大失误	准备不够充分；程序出现错误，操作不规范，不能按时完成实验，有重大失误
		分值	6分	5分	4分	3分

注：上述项目所设学科参此标准执行，其余学科该项的分值（6分）按比例计算所得分数计入过程性学分中。其计算公式为：

所得过程性学分＝已得学分＋已得学分/已得学分项目总分 × 所差分值

2. 关于综合实践活动过程性评价的认定

（1）修习时间（每项各 10 分）

研究性学习参加活动的时间每一学分不少于 12 学时；该学时不在正常的教学时段内安排，由指导教师认定时间并累计计时。

社区服务三年内不少于十个工作日；该学时不在正常的教学时段内安排，由服务对象认定时间并累计计时。

社会实践，学生按照学校的要求，每年深入工厂、农村、部队、企业和其他社区进行调查研究、训练等各种形式的社会实践活动，每学年参与实践的时间不少于 1 周，该学时不在正常的教学时段内安排，由学校和相关单位认定时间并累计计时。

（2）学生的学习态度，即学生在参与过程的具体表现（每项各 20 分）

（三）模块质量考核和综合实践活动质量的认定（70%）

1. 模块质量

模块质量考核由期中考试、期末质量检测和省级学业水平测试三部分组成。在这 70% 中，模块考核占 20%，省级学业水平测试占 50%。

（1）模块考核

模块考核应根据国家课程标准进行命题，不得随意拔高或降低课程要求，命题应体现新课程理念，反映学生知识与技能、过程与方法、情感态度价值观诸目标的达成；各学科模块考核中期中考试由学校自行组织，所得成绩在 70% 中，分值占 5%；期末质量检测由市教科所组织，所得成绩在 70% 中，分值占 20%。

（2）学业水平测试

由学校在市县教育主管部门的组织领导下进行，所得成绩在 70% 中，分值占 5%。

2. 综合实践活动质量的认定

（1）研究性学习

要有开题报告或活动方案（10分）、研究过程（20分）、研究成果（40分）、课题鉴定结论（20分）和指导教师评价记录（10分）。

（2）社区服务

要有参与社区服务的活动计划（10分）、总结（10分）、过程记录（10分）；学校要制定学生社区服务活动卡，卡片内容包括学生服务对象(机构或个人名字)、活动日期、服务的总时间、服务项目或内容、学生自己的签名、服务对象的签名（或加盖公章）、服务对象的简短评语及联系方式（70分）。

（3）社会实践活动

达到预期目标(30分)；学生的活动有计划(10分)、有记录(10分)、有总结(10分)；有学校和相关单位提供的证明材料等（40分）。

八、学分认定说明

（1）学生学分经学校学分委员会认定后，交教务处教务员汇总并录入成绩形成电子档案（包括纸质档案和电子档案）存档。

（2）必修课和选修课的学分认定根据模块考试成绩、平时测验和作业成绩、学科修习的学时数和学习态度三部分进行。其中学科修习的学时数和学习态度占15%，学生只要修满该模块学时数的4/5且学习态度较好就可获得满分。平时测验和作业成绩占15%，任课教师根据平时测验的成绩和作业的完成情况综合打分。模块考试成绩占70%，模块学习结束时，举行全面、系统的统一测试。以上三项综合成绩总分达60%~74%为合格，75%~89%为良好，90%以上为优秀。

（3）研究性学习此课程安排采用弹性课时制和小组方式，要求每个学生每学年参与一个课题(学科内或学科外)，每课题占5分。研究性学习学分分为三部分：开题报告——20%学分；研究过程（阶段性成果）——40%学分；研究成果——40%学分；三年合计15学分。指导教师根据研究性学习课时及其性质，由对其学习的成果，如论文、调研报告、实验报告等予以审核认定后，报学校审核批准交班主任汇总，由年级统一汇总后交教务处登记、存档。

（4）综合实践活动中的社区服务和社会实践均为必修课，综合实践活动课每个学生不低于15个课时，学生在没有特殊情况下必须参加，凡按学校的要求参加的学生每学年可分别得到相应的学分：社区服务〔每学年必须参加一周（可以利用寒暑假）有组织的社区服务活动〕；社会实践〔每学年必须参加一周有组织的社会实践活动，其中高一国防教育2学分、高二劳动实践教育（1）2学分、高三劳动实践教育（2）2学分〕。以上课程的组织、管理、审核由学生处、团委负责，其他部门协助进行，最后由教务处登记录入。

（5）我校选修2（校本课程、地方课程）分为四个部分：人文类、科学类、艺术类、体育类，校本课程修习的学分认定由任课教师根据学生的上课表现、作业、作品等综合核计学分（学生至少要获得6学分）。

（6）创新学分计算方法。

创新学分是指在校期间根据自己的特长和爱好从事活动，并取得具有一定创新意义的智力劳动成果或其他优秀成果，经学校专家组评审认定后被授予的学分。我校学生在校期间公开发表的论文，以及公开出版的学术专著或电子出版物，取得的创造发明，参加全国、省、市一些竞赛中取得比较好的成绩，经鉴定符合条件的，可获得创新学分。

① 各类竞赛学分计算方法

A. 凡参加市级以上行政教育部门组织的竞赛，获市三等奖以上得1学分，获省二、三等奖得2学分，获省一等奖、国家三等奖得4学分，获国家二等奖得5学分，获国家一等奖得6学分，获国际奖得10学分。

B. 参加体育竞赛获全国竞赛第一名按国家一等奖记，获全国竞赛第二名按国家二等奖记，获全国竞赛第三名按省级一等奖、国家三等奖，获全国竞赛第四名至第六名按省级二等奖记，获全国竞赛第七名至第八名按省级三等奖记。

C. 美术作品、设计作品、音乐技能和文艺创作竞赛获全国优秀按省级一等奖记。

D. 科研创新活动及论文学分计算方法：市级学生论文获奖1学分、省级2分、国家级3分。

② 创新学分的认定

A. 申请创新学分的学生首先向学校提供相关材料或获奖证书，经学校学分认定委员会审核认定。

B．获得创新学分的学生名单报教务处审核备案并记入学生成长档案。

九、学分管理和学籍管理

一、免修制度

学生可根据已有的学习经历和成绩，或根据已获得的国家资格技能等级证书、省级以上学科竞赛成绩申请免修相应课程，学生认为通过自学可以掌握的课程，可以申请免听，但不可免考，通过考试或考核后取得相应学分。

二、复议制度

未获得学分的学生对学分认定委员会认定意见如有异议，可在接到通知之日起15日内以书面形式向学分认定委员会提出复议申请，学分认定委员会在接到学生复议申请15日内召集有关学科学分认定小组复议，做出决定并通知学生。

三、补考、重修、改修制度

学生考试考核成绩不合格而不能获得学分的，可以向教务处申请补考或申请参加其他教学班相同模块的考试，补考时间由教务处统一安排，一般在新学段开始后一周内进行。补考或参加其他相同模块的考试考核，不得超过2次，仍不及格者，可以申请重修、改修或放弃，但必修课程和有必修学分要求的选修课程不得放弃。重修要在接到学分不予认定的通知后一年内完成；同科课程（模块）重修不得超过2次。重修所用时间不得与先前修习所用时间累加。学生因课程（模块）修习时间不足不能获得学分认定的，可在补足修习时间、成绩合格的基础上，向学校学分认定委员会提出学分认定申请。对以上两种情况学生提出的学分认定申请，学校按程序进行学分认定。

四、学生毕业要求

（1）学生每学年在每个学习领域都必须获得一定学分。

（2）三个学年必须获得116个必修学分（包括研究性学习活动15学分、社区服务2学分、社会实践6学分），在选修Ⅱ中至少获得6个学分，总学分达到144个。

（3）学生学业水平考试成绩合格。

五、其他规定

（1）学生因特殊情况休学、复学、退学等，参照现行学籍管理规定执行。对于跨省转学学生的学分是否承认，依据有关省份的学籍管理规定执行。

（2）学生在高中三年中修完学校安排毕业课程，学分达到毕业要求的同时，学生在扩展性学习领域又能获得40个学分以上，并通过学校思想品德、行为规范等方面综合考核为优秀，该学生可以评为学校优秀毕业生。

（3）学生过程性评价、学业水平考试成绩以及学分认定情况等档案材料必须进入学生成长记录袋，相关材料必须是原始而真实的，任何人不得随意修改。

（4）学生学习成绩特别优秀或在某方面表现特别突出，可在学生成长记录袋和学籍管理卡的相应栏目内予以记录。学校不得以学分奖励学生。

（5）由于休学等原因造成学习过程间断的，其学分及有关材料可连续计算或使用。

十、保障监督措施

（1）建立和逐步完善学分认定管理工作制度，特别要建立学分管理诚信制度。任课教师或指导教师要与达县石桥中学学分管理委员会签学分管理诚信承诺书。

学校要组织家长代表和有关人士对学分认定及模块考核工作进行监督检查，并向家长委员会报告学分认定及模块考核工作情况。学校要为授课教师、学科学分认定工作小组成员建立诚信档案，纳入教师年度考核内容。对在学分管理工作中有不良行为的教师应给予批评教育和相应的处理。

（2）各年级要在学校教务处的指导下每学期将学分认定结果报县、市、区教育局，县、市、区教育局每学年汇总学分认定情况报市教育局基础教育科备案；市属和市管普通高中每学期将学分认定结果报市教育局基础教育科。学校学分管理委员会要适时对各年级学分认定工作组及学科学分认定工作小组的工作进行检查和指导，并对学分管理质量做出评估。

（3）定期公告学校学分管理质量的监督与检查。学分管理质量的监督与检查由学校学分管理委员会执行。其监督与检查评估的结果作为年度考核衡量年级组教学工作的重要指标。对学分管理工作中存在严重问题的年级组、学科组及个别任课教师通报批评。限期整改并追究有关人员的责任。

十一、附学分认定操作量表（见后）

附件一：

1. 高中学科模块过程管理

① 高中学科模块修习过程管理日志〔任课教师一个月一本，主表，主要用途：任课教师根据《达县石桥中学高中新课程模块修习学分认定与管理实施细则（试行）》，以此评定学生的模块成绩及对学生的学分认定〕。

② 高中学科模块修习过程管理日志记录依据表（任课教师一个月一本，副表，主要用途：查询扣分或加分原因，每月结束任课教师交学校档案室存档）

③ 高中学科模块修习过程性管理统计表（每学期结束时汇总）

④ ___ 年四川省达县石桥中学高 ___ 级第 ___ 学期修习过程性管理评价统计表

2. 模块成绩

① 模块修习成绩认定表

② 达县石桥中学高 ___ 级学生第（ ）学期修习成绩认定告家长通知单

3. 学分认定

① 达县石桥中学高 ___ 级学生第（ ）学年模块修习成绩报告

② ___ 年四川省达县石桥中学高 ___ 级 ___ 班第 ___ 学期修习学分认定表

③ 达县石桥中学高中阶段学分认定总表

4. 综合实践活动评价

① 达县石桥中学高中学生第（ ）学年（研究性学习、社会实践活动、社区服务）活动记录表

② 达县石桥中学高中学生第（ ）学年（研究性学习、社区服务、社会实践）活动考核登记表

5. 达县石桥中学高 _____ 级学生高中阶段学分认定总表

附件二：

第二部分 三个阶段

①《达县石桥中学高中新课程学分认定与管理诚信制度》
②《达县石桥中学高中新课程学分认定与管理中任课教师或指导教师诚信承诺书》
③《达县石桥中学学生诚信承诺书》
④《达县石桥中学高级任课教师诚信档案》
⑤《达县石桥中学高中阶段学生成长记录袋》

达县石桥中学 黎军
2010年5月23日

附件三：第三阶段考核量表

1. 工作学科模块过程管理

①高中学科模块修习过程管理日志

（第　学年第　学期）

四川省达县石桥中学

高中学科模块修习过程管理日志

高 _____ 级 _____ 班

第 _____ 学期 _____ 学科

_____ 模块

任课教师：_____

第二部分 三个阶段

注：此表为主表，任课教师一月一册。主要用途：任课教师根据《达县石桥中学高中新课程模块修习学分认定与管理实施细则（试行）》，评定学生修习过程中的表现、模块成绩及对学生学分的认定

填表说明：

（1）填写星期、任课教师姓名、应到实到人数、年月日

语言表达说明：

（2）在学生对应栏中打√

附：在统计一学期表中对应栏的内容时，可参考以下数据

课堂参与的表现

（1）积极思考主动回答老师提出的问题；（4分）

（2）被老师抽到，能够回答问题；（3分）

（3）积极思考老师提出的问题；（2分）

（4）课堂开小差，被老师抽到，答非所问。（1分）

课堂违纪表现

（1）上课不专心听讲，思想开小差，打瞌睡，看小说，不与老师合作，做其他的；（1分）

（2）吃零食，玩手机，同学间摆龙阵，吵闹，传纸条、乱抛物品；（2分）

（3）象棋，打扑克，故意大笑或起哄，嘲笑捉弄老师，随便离开座位；（3分）

（4）同桌或前后相邻同学发生纠纷，互不相让，甚至打架骂人。（4分）

完成作业情况（1.5分）

（1）按质按量完成作业；（7分）

（2）基本完成作业；（6分）

（3）部分完成作业；（5分）

（4）没有完成作业；（2分）有部分错误；（1.3分）

达县石桥中学高中新课程学分管理的实践与研究

语言表达说明

语文

（1）能够运用普通话，语言流畅，表达准确、生动；（2分）

（2）能用普通话，且表达内容基本正确；（1.8分）

（3）能用普通话，但普通话很不标准，表达中时有错误信息；（1.6分）

（4）不能用普通话表达，表达中常出现错误信息。（1.2分）

英语

（1）能听懂比较复杂的对话；口语流畅，表达清晰；（2分）

（2）能听懂简单的对话；能进行简单的交流；（1.8分）

（3）能听懂部分简单的对话；表达困难；（1.6分）

（4）不能听懂简单的对话；不能进行简单的交流。（1.2分）

理、化、生及通用

（1）准备充分；程序正确，操作规范，能按时完成实验，无错误；善于观察记录；

（2）准备充分；程序基本正确，操作基本规范，能按时完成实验，无明显错误；能够做一定的观察记录；（1.4分）

（3）准备不够充分；程序基本正确，操作基本规范，不能按时完成实验，无重大失

（4）准备不够充分；程序出现错误，操作不规范，不能按时完成实验，有重大失误。（1分）

达县石桥中学学分管理委员会

2011年2月

第二部分 三个阶段

修习过程管理

星期一

科目	任课教师		班级	高___级___班		学生人数	填表日期

修习时间(出勤考核)					课堂表现									完成作业情况			语言表达能力				实验操作技能			
学生姓名	迟到	早退	旷课	病事假	课堂参与					课堂违纪				是否交作业	完成作业情况			语言表达1	语言表达1	语言表达1	语言表达1	实验操作1	实验操作2	实验操作3	实验操作4
					参与1	参与2	参与3	参与4		违纪1	违纪2	违纪3	违纪4	交	未交	全部	基本部分	不完成								

达县石桥中学学分管理委员会监制

207

达县石桥中学高中新课程学分管理的实践与研究

修习过程管理　　　　　　　　　　　　　　　　　　　　　　　　　　星期二

科目	修习时间（出勤考核）				任课教师	课堂表现								班级	完成作业					语言表达能力			学生人数	实验操作技能				填表日期
学生姓名	迟到	早退	旷课	病事假		课堂参与				课堂违纪					是否交作业		完成作业情况			语言表达1	语言表达1	语言表达1		实验操作1	实验操作2	实验操作3	实验操作4	
						参与1	参与2	参与3	参与4	违纪1	违纪2	违纪3	违纪4		交	未交	全部	基本部分	不完成									

高_____级_____班

达县石桥中学学分管理委员会监制

208

修习过程管理 星期三

科目	任课教师		班级		高_____级_____班		学生人数		填表日期

科目	修习时间（出勤考核）				课堂表现									完成作业				语言表达能力				实验操作技能				
	迟到	早退	旷课	病事假	课堂参与				课堂违纪				是否交作业	完成作业情况			语言表达1	语言表达1	语言表达1	语言表达1	实验操作1	实验操作2	实验操作3	实验操作4
					参与1	参与2	参与3	参与4	违纪1	违纪2	违纪3	违纪4	未交	全部	基本	不完成部分								
学生姓名																								

达县石桥中学学分管理委员会监制

达县石桥中学高中新课程学分管理的实践与研究

修习过程管理　　　　　　　　　　　　　　　　　　　　　　　班级　　　　　　　高　　　　　　级　　　　　　班　　　　　　星期四

科目	任课教师	修习时间(出勤考核)				课堂表现								是否交作业	完成作业情况			语言表达能力				学生人数	实验操作技能				填表日期
		病事假	旷课	早退	迟到	课堂参与				课堂违纪				未交	全部	基本	部分	不完成	语言表达1	语言表达1	语言表达1	语言表达1		实验操作1	实验操作2	实验操作3	实验操作4	
						参与1	参与2	参与3	参与4	违纪1	违纪2	违纪3	违纪4															
学生姓名																												

达县石桥中学学分管理委员会监制

210

第二部分 三个阶段

修习过程管理　　　　　　　　　　　　高　　　　级　　　　班　　　　星期五

科目	修习时间（出勤考核）	任课教师	课堂表现								班级	完成作业情况				学生人数				语言表达能力				实验操作技能				填表日期
	迟到	早退	旷课	病事假	课堂参与				课堂违纪				是否交作业	完成作业														
					参与1	参与2	参与3	参与4	违纪1	违纪2	违纪3	违纪4	未交	全部	基本	部分	不完成	语言表达1	语言表达1	语言表达1	语言表达1	实验操作1	实验操作2	实验操作3	实验操作4	
学生姓名																												

达县石桥中学学分管理委员会监制

211

②高中学科模块修习过程管理考核依据表

达县石桥中学高___级___班___学科_____模块

（第__学期）

修习过程管理考核依据表

任课教师：_____

_____年__月__日

（注：此表为副表，与主表配套使用，主要用于查询扣分或加分原因，每月结束时任课教师交学校档案室存档）

第二部分 三个阶段

填表说明：

（1）出勤代码：A. 全勤 B. 迟到 C. 旷课 D. 早退 E 请假 F 无故出教室等

（2）课堂违纪代码：A. 隐蔽性违纪行为：上课不专心听讲，思想开小差，打瞌睡，不与老师合作，做其他的；B. 自娱性行为：吃零食，玩手机，看小说；C. 他娱性行为：下象棋，打扑克，直呼老师名字和给同学取绰号，做鬼脸装怪相骚扰周边其他同学；D. 扰乱性行为：坐立不安，吵吵嚷嚷，传纸条、乱抛物品，随意离开座位；E 不服从老师：故意大笑或起哄，嘲笑捉弄老师，随意离开课堂；F 矛盾冲突行为：同桌或前后相邻同学发生纠纷，互不相让，甚至打骂他人；G 课堂顶撞老师或辱骂老师。

课堂加分代码：A. 举手积极回答问题且正确；B. 举手积极回答问题但错误；C. 被点名且回答正确；D. 被点名但回答错误等。

（3）作业得分代码：作业分课（堂）作（业）与课后作业两种。

作业态度代码：A. 字迹工整，按量完成；B. 字迹工整，只完成部分；C. 字迹潦草，按量完成；D. 字迹潦草，只完成部分。

作业质量代码：A. 步骤或结构合理，全部正确；B. 步骤或结构少，答案正确；C. 步骤或结构合理，部分题正确；D. 步骤或结构紊乱，绝大多数试题错误；E 抄袭他人作业或一字不漏地抄习题后的答案提示。

（4）观察性评价适用于理化生及技术（信息、通用）。

操作态度代码：A. 积极配合老师，主动思考问题，认真操作；B. 积极配合老师，认真操作；C. 被动参加，但能认真操作；D. 不配合老师，玩自己的（耍手机、说闲话等）。

操作质量代码：A. 准备充分：程序正确，操作规范，能按时完成实验，无错误；善于观察记录；B. 准备充分：程序基本正确，操作基本规范，能按时完成实验，无明显错误；能够做一定的观察记录；C. 准备不够充分：程序基本正确，操作基本规范，不能按时完成实验，无重大失误；D. 准备不够充分：程序出现错误，操作不规范，不能按时完成实验，有重大失误；E 操作错误，不会做。

（5）此表作为任课教师在教学过程中考核学生学分的重要依据，平时由教师自己保存；此表若遗失，任课教师必须向学分管理委员会说明原因，且在当年不得参加评优晋级。

（6）每学期结束前交教科室→教务处→学分管理委员会审查，加盖学分管理委员会的公章后查档备查。

达县石桥中学高___级___学科___模块第___周

修习过程管理考核依据表

任课教师：_____ 星期_____

姓名	出勤		课堂表现								作业									观察性评价									
	扣分	原因	违纪扣分	原因	违纪扣分	原因	违纪扣分	原因	答问加分	原因	答问加分	原因	答问加分	原因	课作态度	原因	课作质量	原因	课后态度	原因	课后质量	原因	操作态度	原因	操作质量	原因	操作态度	原因	操作质量	原因

③高中学科模块修习过程性管理统计表

（第　学年　学期）

四川省达县石桥中学

高中学科模块修习过程性管理统计表

班级：高＿＿＿＿＿级＿＿＿＿＿班

教师：＿＿＿＿＿＿＿＿＿＿

＿＿＿＿＿年＿＿＿月＿＿＿日

（注：此表主要用于每学期结束时汇总）

达县石桥中学高中新课程学分管理的实践与研究

1. 过程性管理统计表

表1　　　　　　四川省达县石桥中学＿＿年＿＿学科＿＿模块修习
第＿＿学期过程性管理统计表　　　　　　　　　2—1

学籍号

姓名	性别	班级	修习时间（出勤）						课堂表现					作业情况				听力能力	实验操作能力	总分
			迟到		早退		旷课		请假	违纪		回答问题			数量		作业情况		得分	得分	
			迟到次数	扣分	早退次数		旷课次数		缺课次数	得分	违纪次数	数量质量	得分		未完成次数		作业质量	得分			
科目																					
语文																					
数学																					
英语																					
政治																					
历史																					

第二部分 三个阶段

表1 ＿＿＿年四川省达县石桥中学＿＿＿学科＿＿＿模块修习
第＿＿＿学期过程性管理统计表

班 级＿＿＿ 学籍号＿＿＿

姓名														
性别														
科目	修习时间（出勤）						课堂表现				作业情况			
	迟到		早退		旷课	请假	违纪	回答问题			数量	作业质量		
	迟到次数	扣分	早退次数	旷课次数	缺课次数		违纪次数	得分	数量质量	得分	未完成次数			
地理														
物理														
化学														
生物														
音乐														

2—2

	听力能力		实验操作能力		总分
	得分		得分		

217

达县石桥中学高中新课程学分管理的实践与研究

表1　　　　年四川省达县石桥中学　　学科　　模块修习
第　　学期过程性管理统计表

姓名	性别	班级									学籍号					
科目	修习时间（出勤）						课堂表现				作业情况			听力能力	实验操作能力	总分
	迟到		早退		旷课	请假	违纪	回答问题		得分	数量	作业情况		得分	得分	得分
	迟到次数	扣分	早退次数		旷课次数	缺课次数	违纪次数	数量	质量		未完成次数	作业质量				
体育																
美术																
信息技术																
通用技术																

2—3

218

第二部分 三个阶段

表2 _____年四川省达县石桥中学高_____级第_____学期修习过程性评价统计表 填表时间：_____年_____月_____日

姓名		性别		班级		学籍号		填表时间

学科	模块名称	课程性质	修习过程			课堂表现			修习作业		
			学生自评	小组互评	任课教师评价	学生自评	小组互评	任课教师评价	学生自评	小组互评	任课教师评价
语文											
数学											
英语											
政治											
历史											
地理											
物理											
化学											
生物											
音乐											
体育											
美术											
信息											
通用											

项目	修习内容	修习时间	修习态度
研究性学习			
社区服务			
社会实践			

说明：课程性质填"必修"或"选修"；修习时间填"全勤"或"旷课×节"或"缺席×节"或"迟到（早退）×次"；小组互评和教师评价填"属实（同意）"或"其他情况（等级）"；课堂表现、修习作业填"优秀""良好""合格""不合格"。

219

2. 模块成绩

① 达县石桥中学高____级学生第____学期模块修习学分认定表

达县石桥中学高____级____学生第____学期模块修习成绩认定表

姓　名			班　级		性　别		
学籍号			学科		课程类型（必修、选修）		
模块名称			模块测试		测试时间		
应修学时	实修学时		模块测试成绩		任课教师评价	各项分值	分值
修习过程综合表现	项目	反思学习				总分	
	学生自评						
	出　勤	小组互评					
	课堂表现						
	修习作业						
	语言表达						
	试验操作						
综合实践	研究性学习			社区服务		社会实践活动	
修习时间						年　月　日	
学习态度							
水平测试							
是否予以认定							
任课教师签字			年　月　日		学科学分认定工作小组意见		年　月　日
教务处审核意见			年　月　日		教科室审核意见		年　月　日
学分管理委员会意见			年　月　日		学生本人签字		

第二部分 三个阶段

②达县石桥中学高＿＿级学生第＿＿学期修习学分认定告家长通知单

达县石桥中学高＿＿级学生

第＿＿学期修习成绩认定告家长通知单

姓 名		班 级		性 别	
学籍号		学科		课程类型（必修、选修）	
模块名称					
应修学时		实修学时		模块测试	分值
修习过程综合表现	项目	学生自评	小组互评	任课教师评价	各项分值
	出勤				总分
	课堂表现				
	修习作业				
	语言表达				
	试验操作				
	研究性学习		反思学习		
综合实践	社区服务			社会实践活动	
修习时间					年 月 日
学习态度					
水平测试					
是否予以认定		年 月 日		学生本人签字	
任课教师签字		年 月 日		学科学分认定工作小组意见	年 月 日
教务处审核意见		年 月 日		教科室审核意见	
学分认定委员会意见				学生家长签字	年 月 日

221

3. 学分认定

① 模块修习成绩报告单

达县石桥中学高___级学生第___学年模块修习成绩报告单

班级___ 科目___ 学籍号___ 姓名___

模块名称	修习时间	课堂表现	完成作业	模块测试	总分	是否予以认定
语文						
数学						
英语						
物理						
化学						
生物						
政治						
历史						
地理						
音乐						
体育						
美术						
信息技术						
通用技术						

项 目	获得学分	选修Ⅱ	课程名称	等级	学分
研究性学习					
社区服务					
社会实践					

学分总计		重修或补考模块	教务处签字

② 修习学分认定表

第二部分 三个阶段

修习学分认定表

_____年四川省达县石桥中学高_____级_____班第_____学期

填表时间：_____年_____月_____日

姓名		性别		学籍号							
学科	模块名称	修习时间	修习过程			模块成绩	教科室审核意见	水平考核 总成绩	认定学分	教务处审核意见	任课教师	学科学分认定工作小组意见	年级学分认定工作小组意见	学校学分认定委员会意见	学生本人签字
			课堂表现	修习作业	过程成绩						
语文											
数学											
英语											
政治											
历史											
地理											
物理											
化学											
生物											
音乐											
体育											
美术											
信息											
通用											
研究性学习	内容	时间	态度					考核			
社区服务											
社会实践											

四川省达县石桥中学高中新课程学分认定委员会（盖章）

223

达县石桥中学高中新课程学分管理的实践与研究

③ 高中阶段学分认定总表

达县石桥中学高____级学生高中阶段学分认定总表

班 级		姓 名		学籍号		
科目	模块名称	学习过程性表现	模块考试成绩	学业水平测试（省级）	学分	是否同意认定
语文						
数学						
英语						
物理						
化学						
生物						
政治						
历史						
地理						
体育						
音乐						
美术						
信息						
通用						
选修Ⅱ	课程名称	等级	学分			
综合实践活动	项目	获得学分		重修或补考模块	综合统计所得学分	
	研究性学习					
	社区服务					
	社会实践					
教科室意见	（盖章）　　年　月　日			学分管理委员会意见		
教务处意见	（盖章）　　年　月　日			（盖章）　　年　月　日		

4. 综合实践活动评价

① 活动记录表

达县石桥中学高中学生第 ___ 学年
（研究性学习、社会实践活动、社区服务）活动记录表

填表时间：___ 年 ___ 月 ___ 日

学生信息	姓　名		性　别		班　级		指导老师	
	学籍号				联系方式			
活动对象								
活动项目	活动日期		活动时间（小时）		目标达成情况		活动总时间	
1								
2								
3								
4								
5								
6								
接受服务对象评语及签字或盖章							签字（盖章）： 　　　年　月　日	
学分认定小组意见							年　月　日	
学生本人签字							年　月　日	

② 社区服务活动考核登记表

达县石桥中学高中学生第_____学年
社区服务活动考核登记表

填表时间：_____年_____月_____日

姓名	学籍号	过程性评价（70分）			合计	资料整理（满分100分）按30%折算成绩					社区服务活动卡（资料）70分	总分
		修习时间 10分	学习态度 30分	学习效果 30分		服务计划 10分	服务过程记录 10分	资料整理记录 10分	总结 10分	合计		

226

达县石桥中学高中学生第____学年
研究性学习活动考核登记表

填表时间：____年____月____日

姓名	学籍号	过程性评价（70分）			资料整理（满分100分）按30%折算				指导教师评价	合计	总分
		修习时间 10分	学习态度 30分	学习效果 30分	合计	活动方案	研究过程记录	研究成果	课题鉴定结论			

达县石桥中学高中新课程学分管理的实践与研究

达县石桥中学高中学生第_____学年
社会实践活动考核登记表

填表时间：____年____月____日

姓名	学籍号	过程性评价（70分）			资料整理（满分100分）按30%折算					总分
		修习时间 10分	学习态度 30分	学习效果 30分	合计	活动方案 10分	活动过程记录 40分	活动总结 10分	单位证明材料 10分	是否达成目标 30分	合计	

228

四川省达县石桥中学学生综合素质评价工作实施细则（修订稿）

为推进普通高中课程改革，全面实施素质教育，促进学生全面发展，根据教育部《关于积极推进中小学评价与考试制度改革的通知》（教基〔2002〕26号）、《关于普通高中新课程省份深化高校招生考试改革的指导意见》（教学〔2008〕4号）和《四川省教育厅、四川省财政厅、四川省人事厅、四川省机构编制委员会办公室关于普通高中课程改革的意见》（川教〔2009〕226号）、四川省教育厅关于印发《四川省普通高中学生综合素质评价方案（试行）》的通知（川教〔2010〕137号）等文件的基本精神，结合我校实际，制定本细则。

一、指导思想

全面贯彻国家教育方针，切实推进素质教育，不断深化课程改革，落实学校培养目标，关注学生特长，开发学生潜能，促进学生全面协调发展。

二、组织机构

（一）达县石桥中学"学生综合素质评价"工作委员会

主　任：×××

副主任：×××、×××、×××、×××、×××、×××、三位家长代表

成　员：高2010级教师代表
　　　　高2010级学生代表
　　　　高2010级家长代表

高 2011 级教师代表

高 2010 级家长代表

高 2011 级学生代表

学生综合素质评价工作的日常事务由刘成海、覃道德同志负责。

基本职责：

（1）制定《学生综合素质评价工作实施细则》；

（2）组织"学生综合素质评价工作执行小组"实施学生综合素质评价工作，指导并监督评价过程；

（3）审查执行小组的学生综合素质评价评价意见，形成学生终结性评价结论意见；

（4）以书面形式通知学生本人及监护人；

（5）对评价结果为"优秀"等级的学生，及时公示（公示期限不得少于 15 日）；

（6）受理咨询、申诉和复议申请。

（二）"学生综合素质评价"工作执行小组

组成人员

高 2010 级　　组长：×××　　成员：各班班主任

高 2011 级　　组长：×××　　成员：各班班主任

高 2012 级　　组长：×××　　成员：各班班主任

基本职责：

（1）学校《学生综合素质评价方案实施细则》的宣传告知；

（2）学生《成长记录袋》各项材料的收集、填写；

（3）根据学校统一安排以班级为单位组织各项目的评价实施；

（4）学生综合素质各项目评价等第初审；

（5）学生综合素质评价结果的填写、归档、告知。

（三）学校"学生综合素质评价"技术支持小组

组成人员：×××、×××

基本职责：

（1）学生综合素质评价工作的档案管理：

（2）学生综合素质评价表册的印制发放；

（3）学生综合素质评价工作信息的网络上传；

（4）A等第学生的公示；

（5）解答各类咨询，受理评价申诉和复议申请。

（三）各班成立综合素质评价工作小组

组　　长：班主任

成　　员：任课教师、学生代表

评价工作小组的人数以5～7人为宜。

基本职责：

（1）指导本班学生开展好自评、互评；

（2）指导综合素质评价工作小组在学生自评、互评的基础上，根据评价标准和相关材料对学生进行评价；

（3）撰写综合性评语，并对学生基础性发展目标提出评价等级的意见。

三、评价原则

（一）发展性原则

综合素质评价要尊重学生的个性，关注学生的发展过程，突出评价的激励与导向功能，充分肯定和鼓励学生在原有水平上的进步，使评价过程成为发现和发展学生潜能、了解学生发展需求，帮助学生认识自我和建立自信的教育过程。

（二）科学性原则

综合素质评价要以事实为依据，建立合理、公正、透明、便于操作的工作程序，采取以学生自评、互评为主，定性和定量评价相结合的多元评价方式，使评价过程可信、评价结果可用。

（三）全面性原则

综合素质评价要对学生发展情况进行全方位、全过程评价，做到阶段性评价与终结性评价有机结合。

四、评价内容和评价指标

根据《教育部关于积极推进中小学评价与考试制度改革的通知》的有关规定，普通高中学生综合素质评价的内容包括道德品质、公民素养、学习能力、交流与合作能力、运动与健康、审美与表现等基础性发展目标。

我校高中综合素质评价指标按照《四川省普通高中学生综合素质评价指标》（附件1）执行，具体的评价标准由学校"学生综合素质评价"工作委员会制定。

五、评价方式及结果呈现

（一）评价方式

综合素质评价应以学生自评和互评为主，教师、家长参与。班主任要全程指导学生综合素质评价工作，引导学生客观、公正开展评价，促进学生的相互交流和学习，使评价过程民主、真实、和谐；家长要积极参与评价过程，公正客观评价自己的孩子。

学生成长记录是对普通高中学生进行综合素质评价的主要依据。班主任和任课教师要引导学生以事实为基础做好成长记录，如实反映学生在基础性发展目标上的各方面表现，其中应重点包含学习情况的记录，如选修课的修习及所获学分的情况、学业水平考试成绩，参加研究性学习、社区服务、社会实践以及学校社团活动等基本信息。要特别鼓励学生收集和保存日常学习和生活中具有典型意义和个性特色的重要实证性材料，真实、准确地反映学生的成长历程。学生成长记录应主要由学生自己收集和整理，引导学生在收集成长记录材料的过程中，看到自己的进步，形成正确的自我评价。

（二）评价结果呈现

1. 道德品质、公民素养、交流与合作能力方面的评定

道德品质、公民素养、交流与合作能力方面的评定采用"合格"（记为H）、"尚需努力"（记为S）形式呈现。学生行为表现符合《中学生守则》和《中学生日常行为规范（修订）》基本要求，无严重违反校规校纪行为，具备一定的交流与合作能力的，应评为"合格"。有严重违反《中小学生守则》和《中学生日常行为规范（修订）》基本要求，经教育仍不改正的，可评为"尚需努力"。

2. 学习能力、运动与健康、审美与表现等方面的评定

学习能力、运动与健康、审美与表现等方面的评定采用"优秀"（记为 A）、"良好"（记为 B）、"合格"（记为 C）、"不合格"（记为 D）四个等级呈现。凡符合相应标准、成绩优异、表现突出的，可评为"优秀"等级；凡符合相应标准、表现较为突出的，可评为"良好"等级；凡基本符合相应标准，可评为"合格"等级；凡不符合相应标准，应评为"不合格"等级。

综合素质评价等级评为"优秀"的，应有充分的实证材料。评为"尚需努力"或"不合格"的需注明原因，应有相关证明材料。

六、评价工作程序

综合素质评价分为阶段性评价和终结性评价。

每学期结束时，各班要组织对每个学生进行阶段性评价。阶段性评价采取学生自评、同学互评的方式进行，同时教师和家长以"寄语"形式对学生提出希望和要求。阶段性评价不对基础性发展目标进行等级评定。

学生毕业时，学校要在阶段性评价的基础上对每个学生进行终结性评价。终结性评价按学生自评、同学互评、班级评价、学校审定的步骤进行。

（1）学生自评。学生依据评价标准的有关要求，进行自我评价。

（2）同学互评。在班主任指导下，小组同学之间根据学生自评和展示的实证材料，结合平时的观察了解，进行交流和评价。

（3）班级评价。各年级成立"学生综合素质评价"工作执行组，指导、协调和配合班主任开展好"学生综合素质评价"工作；各班的综合素质评价工作小组在学生自评、互评的基础上，根据评价标准和相关材料对学生进行评价，撰写综合性评语，并对学生基础性发展目标提出评价等级的意见。

（4）学校审定。学校成立达县石桥中学学生综合素质评价工作委员会，制定综合素质评价工作实施细则，负责具体的组织实施工作，指导并监督评价过程。审定班级评价等级意见，形成学生终结性评价结论意见，并将结果以书面形式通知学生本人及其监护人。对评价结果为优秀等级的学生，学校应进行不少于 15 日的公示。

如果学生及其监护人对评价结果有异议，可以书面形式向学校综合素质评价工作委员会提出复核申请。学校接到申请后，要进行调查、复核，妥善处理。

七、保障措施

（一）加强领导

综合素质评价是普通高中课程改革的重要组成部分，也是重点和难点。学校高度重视，在结合本地实际，研究制定达县石桥中学"学生综合素质评价"工作实施细则，并指导学校制定具体的实施细则，切实加强对学校综合素质评价工作的指导与检查。

（二）履行诚信职责

要建立健全综合素质评价的诚信机制，引导学校、教师和学生履行诚信责任和义务。学校要组织与学生综合素质评价有关的人员签订诚信承诺责任书。凡提供虚假材料或不按照规定程序操作的，要追究有关当事人的责任。

（三）做好信息上传工作

使用好全省统一的学生综合素质评价电子化管理平台，及时上传信息。学校成立达县石桥中学"学生综合素质评价"工作技术支持小组，负责将学生综合素质评价结果通过四川省普通高中新课程教务管理信息系统上传报送。各班学生必须按照省教育厅统一要求，填写普通高中学生综合素质评价电子档案，适应普通高中课程改革和高等学校招生考试制度综合改革的需要，为开展教育教学管理和高校选拔录取新生提供客观、准确的信息。

"学生综合素质评价"工作技术支持小组要按时将学生《四川省普通高中学生综合素质阶段性评价报告单》（见附件2）和《四川省普通高中学生综合素质终结性评价报告单》（见附件3）上报县（市、区）、市（州）、省级教育行政主管部门。

"学生综合素质评价"工作技术支持小组要将学生综合素质终结性评价等级情况进行汇总，填写《四川省各市（州）普通高中学生综合素质终结性评价等级统计表》（见附件4），并按时上报省教育厅。

（四）学校建立评价质量监控制度

学校要对班级综合素质评价工作进行督查和指导，随时抽查评价工作的进展情况，及时解决评价工作中存在的问题。每学年评价工作结束后，学校要形成评价工作报告，报教育主管部门。学校要加强对普通高中学生综合素质评价工作的专业指导和支持，组织开展专项培训，对所属学校综合素质评价工作进行监督检查，对评价结果的真实性和有效性进行核查。注重总结和推广经验，不断改进评价工作。

（五）大力宣传

各年级、各班要加强对普通高中学生综合素质评价工作的宣传力度，做好政策解读和宣传工作，争取家长和社会各界对普通高中学生综合素质评价工作的理解和支持。

本方案从 2010 年秋季高中一年级开始实施。

附件：
（1）《四川省普通高中学生综合素质评价指标》
（2）《四川省普通高中学生综合素质阶段性评价报告单》
（3）《四川省普通高中学生综合素质终结性评价报告单》
（4）《四川省各市（州）普通高中学生综合素质终结性评价等级统计表》

达县石桥中学"学生综合素质评价"工作委员会
2010 年 5 月 25 日

达县石桥中学高中新课程学分管理的实践与研究

附件 1

四川省普通高中学生综合素质评价指标

一级指标	二级指标
道德品质	爱祖国、爱人民、爱劳动、爱科学、爱社会主义；遵纪守法、诚实守信、维护公德、关心集体、保护环境
公民素养	自信、自尊、自强、自律、勤奋；对个人的行为负责；积极参加公益活动；具有社会责任感
学习能力	有学习的愿望与兴趣，能运用各种学习方式来提高学习水平，学分修习、学业水平考试成绩、考查成绩达到要求；有对自己的学习过程和学习结果进行反思的习惯；能够结合所学不同学科的知识，运用已有的经验和技能，独立分析并解决问题；积极参加社会实践活动，具有初步的研究与创新能力
交流与合作能力	能与他人一起确立目标并努力去实现目标，尊重并理解他人的观点与处境，能评价和约束自己的行为；能综合地运用各种交流和沟通的方法进行合作
运动与健康	热爱体育运动，养成体育锻炼的习惯，具备锻炼健身的能力、一定的运动技能和强健的体魄，形成健康的生活方式
审美与表现	能感受并欣赏生活、自然、艺术和科学中的美，具有健康的审美情趣；积极参加艺术活动，用多种方式进行艺术表现

附件 2

四川省普通高中学生综合素质阶段性评价报告单

（高_____ 年级_____ 学期）

_____学校高____级_____班 姓名_____ 学籍号_____

学生自评	（填写本学期在道德品质、公民素养、交流与合作能力、学习能力、运动与健康、审美与表现等方面的主要事迹） 学生（签名）： 年 月 日
同学互评	 学生（签名）： 年 月 日

第二部分　三个阶段

续　表

老师寄语	班主任（签名）： 　　　年　月　日
家长寄语	家长（签名）：　年　月　日
语文	
外语	
数学	
思想政治	
历史	
地理	
物理	
化学	
生物	
信息技术	
通用技术	
音乐	
美术	
体育与健康	

说明：

（1）学生高一、高二上、下学期的阶段性评价报告单，由学校于每年10月15日前向县（市、区）、市（州）、省教育行政部门上报；

（2）学生高三上学期的阶段性评价报告单，由学校于每年3月31日前向县（市、区）、市（州）、省教育行政部门上报。

达县石桥中学高中新课程学分管理的实践与研究

附件 3

四川省普通高中学生综合素质终结性评价报告单

_____ 学校 高 _____ 级 _____ 班

学生姓名 _____ 学籍号 _____ 考籍号 _____

综合素质评价等级	道德品质	
学生自评	（填写三年在校期间道德品质、公民素养、交流与合作能力、学习能力、运动与健康、审美与表现等方面的主要事迹、个人特长等）	
		学生（签名）： 年 月 日
同学互评		学生（签名）： 年 月 日
班级评价		学生（签名）： 年 月 日
学校意见		校长（签名）：学校公章 年 月 日

第二部分　三个阶段

续　表

			语文	外语	数学	思想政治	历史	地理	物理	化学	生物	信息技术	通用技术	音乐	美术	体育与健康	研究性学习	社区服务	社会实践	合计
三年修业期满获得的学分	必修																				
	选修Ⅰ	选修ⅠA																		
		选修ⅠB																		
	合计																			
	选修Ⅱ																				
	三年总计																				
学业水平考试成绩	语文		考试科目											考查科目						
			外语	数学	思想政治	历史	地理	物理	化学	生物	信息技术	通用技术	音乐	美术	体育与健康	物理实验操作	化学实验操作	生物实验操作	通用技术操作	
	分数																				
	等级																				

说明：

（1）等级栏用相应的字母代号填写；

（2）学生的终结性评价报告单，由学校于3月31日前上报县（市、区）、市（州）、省教育厅行政部门。

239

达县石桥中学高中新课程学分管理的实践与研究

附件4：

四川省各市（州）普通高中
学生综合素质终结性评价等级统计表

_____ 市（州）高 _____ 级　总人数 _____

评价内容	评价等级	学生人数	所占比例
道德品质	H		
	S		
公民素养	H		
	S		
交流与合作能力	H		
	S		
学习能力	A		
	B		
	C		
	D		
运动与健康	A		
	B		
	C		
	D		
审美与表现	A		
	B		
	C		
	D		

说明：

（1）道德品质、公民素养、交流与合作能力方面的评定，H代表"合格"、S代表"尚需努力"；

（2）学习能力、运动与健康、审美与表现方面的评定，A代表"优秀"、B代表"良好"、C代表"合格"、D代表"不合格"；

（3）本表由市（州）教育局汇总统计后于3月31日前上报省教育厅。

第二部分　三个阶段

诚信管理是学分认定的重要保障

在学分认定与管理中，为了规范教师与学生的行为，保障政策的教育教学秩序，维护学生的正当利益，在教科室的指导下，达县石桥中学学分管理委员会和达县石桥中学"学生综合素质评价"工作委员会先后出台了《达县石桥中学高中新课程学分认定与管理诚信制度》《达县石桥中学高中新课程学分认定与管理中任课教师或指导教师诚信承诺书》《达县石桥中学学生诚信承诺书》，建立了《达县石桥中学高级任课教师诚信档案》《达县石桥中学高中阶段学生成长记录袋》。

一、达县石桥中学高中新课程学分认定与管理诚信制度

（1）任课教师、指导教师和学分认定管理工作中的有关人员在学分认定过程管理与阶段性测试及学生综合素质评价工作中必须坚持诚信，磊落考评，不得徇私舞弊，不得发泄私愤打击报复学生。

（2）任课教师或指导教师要切实保证允许学生自主地选择选修课程或课程模块、选择学习难度、选择老师、选择学习方法；允许学生在规定的学习期限内，个性化完成学业；班主任在指导学生开展自评、小组互评和填写四川省普通高中学生综合素质阶段性和终结性评价报告单中必须坚持客观、公平、公正、公开的原则。

（3）任课教师要遵守职业道德、社会公德、信守承诺，对学生的出勤、课堂行为、作业完成、社会实践等予以客观公正的认定，不得携带私愤，打击报复学生。

（4）学生要按照学校及年级组的相关规定按时出勤，不得迟到、早退或旷课；在课堂学习中，要遵守课堂纪律，认真听课、主动思考、积极回答老师提出的问题，不得有违犯课堂纪律的行为；按时按量完成老师布置的作业。积极参加综合实践活动，并遵守校纪班规，按照相关处室和领队老师的要求按质按量完成任务。

（5）学生要讲诚信，正确对待自己平常在出勤、课堂纪律、作业完成及社会实践等方面的表现，本着实事求是的原则客观公正地评价任课教师对学分的认定，不得歪曲事实真相，不得无理取闹，不得报复老师。

（6）学生对任课教师、指导教师和学分认定及综合素质评价管理工作中的有关人员做出的评价持有异议的，在15个工作日内可以向学校学分认定委员会或学校学生综合素质评价委员会提出书面申请，学分认定委员会或学校学生综合素质评价委员会组织相关人员进行考察。

（7）经申请未获得学分认定，综合素质评价等级为D级的学生，若对学校认定意见有异议，允许在15个工作日内向学校学分认定委员会或学校学生综合素质评价委员会提出复议申请。学校学分认定委员会或学校学生综合素质评价委员会接到学生复议申请则必须在规定时间内召集有关教师、认定小组复议，做出决定并通知相关学生。学生对学校给予其他学生的学分认定如有异议，允许书面向学校学分认定委员会或学校学生综合素质评价委员会反映，阐明提出异议的理由并有权获得学校学分仲裁委员会或上级主管部门相应机构的答复。

（8）强化质量监控。学校教务处、教科室要组织学分认定委员会或学校学生综合素质评价委员会有关人员，负责对教学、考试、考查、学生评价、填写各类表册等实行有效的监督或审查，在教学与质量检测中把握好知识的深度、广度与难度，切实保证教学质量。并接受教育主管部门的审查监督，与教育教学主管部门的质量评估体系衔接。

（9）建立和逐步完善学校学分认定工作或学生综合素质评价工作的制度和监督机制。建立相应的诚信制度，为有关人员建立诚信档案，将相关人员的个人工作情况纳入教职工年度工作考核。凡在学分认定管理和学生综合素质评价工作中有弄虚作假行为的，及时通报批评，造成恶劣影响的，暂停或终止学分认定资格，并给予相应的行政处分。

（10）执行公示制度，每一个模块学习结束时，学校要对学生在过程与阶段中获得的成绩及综合素质评价结果为优秀等级的进行公示，公示期限应不少于15个工作日，以接受广大师生、社会各界和学生家长的监督。

（11）在学分管理过程及学生综合素质评价工作中，学生及家长有权参与、申请和查询学生的学业修习情况、学分积累情况和学生综合素质评价情况。

（12）实行严格的责任追究制。对凡在过程管理与阶段性测试及学生综合素质评价工作中有违背《达县石桥中学高中新课程管理诚信制度》和《达县石桥中学任课教师或指导教师高中新课程管理诚信承诺书》的行为的，学校将视其情节和社会影响追究相关人员的责任。

每学期学校教务处、教科室协助年级组要填好《达县石桥中学高中学生学期模块修习学分认定告家长通知单》及与学生综合素质评价相关的表册，发给学生，交给家长签字认同。

二、达县石桥中学高中学生参加新课程修习诚信承诺书

为了父母的期盼、老师的夙愿、我的梦想能够实现，在高中新课程学习中，我郑重承诺：

（1）我一定会全身心投入，经过努力拼搏，积极参与各学习领域每一阶段的过程性修习，完成相应的修习任务，修满规定学分，综合素质达到国家要求的目标，学业水平考试合格。

（2）在各学习领域的阶段性修习中

① 我努力做到不迟到、不早退、不旷课，不睡懒觉，不熬夜，有劳有逸，每天保持旺盛的学习精力，珍惜和科学合理地安排时间。我绝不夜不归宿，绝不进入酒馆、网吧。有特殊情况不能到校学习，也必须向班主任或任课教师请假。

② 在课堂学习中：

A. 我一定提前做好上课准备，包括用品准备、知识准备、精力准备和心理准备；课前备好一切学习用品，放在桌上；上课提前进入教室，做好上课准备。

B. 专心听讲，认真学习，积极思考并主动回答老师提出的问题，认真做好听课笔记。发言踊跃，声音洪亮，表述清晰；在理、化、生实验操作中，准备充分；程序正确，操作规范，按时完成老师规定的实验内容。

C. 严守课堂纪律。不开小差，不打瞌睡，不看小说，不玩手机，摆龙门阵，吵闹，起哄，传纸条，乱抛物品，不参与象棋、打扑克等娱乐活动，不打架骂人。

D. 自习课我一定认真复习、预习或做作业练习，绝不喧哗和吵闹；讨论问题尽量不影响他人。

③ 按质按量按时独立完成老师布置的作业，不抄袭；书写工整，不潦草；遇到难题，认真思考，虚心请教；注意解题方法，答题讲究规范，干净整洁；正

确对待作业的评价，认真总结解题规律，整理错题集，养成良好的学习习惯。

（3）在各学习领域的不同模块测试和学业水平考试中，我一定做到：

① 正确对待考试；磊落答题，遵守考场纪律，不作弊；不剽窃他人试卷。

② 卷面干净整洁规范。

③ 考后学会分析试卷。

（4）在学生综合素质活动中，我做到：

① 依据评价标准的有关要求，客观、公正进行自我评价

② 在班主任的指导下，在小组同学互评中，积极展示自己的实证材料，虚心听取其他同学的意见；结合平时的观察了解，对其他同学进行客观公正的评价。

③ 在评价中，不打击报复，不恶语中伤；不弄虚作假，徇私舞弊。

④ 认真对待班级、学生综合素质评价委员会、父母做出的评价；面对评价，自我反省，查原因，找差距，添措施。

（5）在每学期的修习中，管好自己在德、智、体、美、劳及综合实践活动中获得的各项奖证，完成一篇反映成长中学习进步、思想变化的习作，特别是对学习生活的反思感悟。期末做好学科总结。

（6）在填写学分及综合素质评价的各种表册中，我一定做到客观公正，绝不弄虚作假，徇私舞弊。

（7）正确对待学校相关管理人员对我学分及综合素质的评价。如果我对评价结果有异议，将以书面形式向学校综合素质评价工作委员会提出复核申请。静心等待学校组织的调查、复核，不无理取闹。

我恳求学校相关管理人员监督我的上述承诺，若有违反上述承诺的行为，伤害同学、老师，特别是影响班级和学校声誉，我愿意接受学校的任何处理。

本承诺书一式三份，学生本人、班级和政教处各执一份，自签订之日起生效。

三、达县石桥中学高中新课程学分认定与管理中任课教师或指导教师诚信承诺书

为了全面贯彻和实施省、市、县关于高中新课程的相关政策，提高学生综合素质，创建和谐校园、提升学校办学水平，特制定此责任书，希望教师认真履行如下职责：

（1）教师必须以人格与诚信担保，在填写学习过程性评价表（即《达县石桥中学高中新课程模块修习过程记录表》）或对学生进行综合素质评价时对学生一视同仁，坚持公平、公正、公开，不徇私舞弊，不打击报复，不弄虚作假。

（2）教师在上课时间如发现学生迟到或缺席，应及时与班主任老师或家长取得联系，并在过程性评价表中做好记录，交学生代表签字。之后要将记录情况通知到学生本人。不得因学生迟到，将其逐出教室或罚站。

（3）教师在记录过程性评价时，发现学生作业未做齐或错误较多时，不能擅自向学生布置规定范围之外的超量作业；不得撕毁学生作业；不得下中伤学生的评语；更不能将学生逐出教室或随意停课教育。

（4）教师不能对学生的成绩进行公开排名及宣布；对学生的评价要全面公正，要以鼓励为主，不能对学生进行挖苦和讽刺，体罚和变相体罚。

（5）教师在过程性管理中，对学生存在的问题要进行必要的疏导，并及时采取相应的措施。

（6）教师对所教的学生必须循循善诱，发展正常良好的师生关系，防止教育失当而引起的矛盾冲突。同时，教师与班主任一道保持与家长联系，讲求沟通的艺术，以便形成合力共同做好学生的思想工作。

注：本承诺书一式两份，教师本人持一份，另一份装入教师诚信档案；本承诺书最后解释权归学分认定委员会及学生综合素质评价工作委员会。

四、达县石桥中学高__级任课教师诚信档案

为了全面贯彻和实施省、市、县关于高中新课程学分管理的相关政策，维护正常的教学秩序，保障学生的合法利益，尊重任课教师的正当权益，创建和谐校园、提升学校办学水平，特制定《达县石桥中学高__级任课教师诚信档案》，该档案中装有：教师基本信息表；达县石桥中高中新课程管理诚信制度；任课教师或指导教师高中新课程管理诚信承诺书（见附件1）。

五、达县石桥中学学生成长记录袋

制作《达县石桥中学学生成长记录袋》是为了全面真实呈现学生在高中三年新课程学习中的出勤、课堂学习、作业完成、阶段测试、学业水平测试及综合实

达县石桥中学高中新课程学分管理的实践与研究

践活动中学生的参与情况及完成任务的效果,全方位记录学生三年中的变化与成长。袋中装有:学生基本信息表;《达县石桥中学高中各科模块修习过程性管理登记表》;《达县石桥中学高中各科模块修习过程性管理考核登记统计表》;《达县石桥中学高级学生第( )学期模块修习学分认定表》;《四川省普通高中学生综合素质阶段性评价报告单》(高一年级一学期);学期所获得的各类奖状复印件(包括校内外的各类学科竞赛、艺体竞赛、好人好事、精神文明奖等);每学期学生每科模块测试试卷;每学期必须完成四个一:一篇习作(周记、日记、读书笔记、心得体会等),各科一份优秀作业(最好有科任教师的评语),每学期自制一件作品(平时较好的美术作业、剪纸、写生作品、摄影作品、通用技术等),每学期写一篇能表现自己成长进步的小结、经验文章(内容涉及自己平时所受到的表扬(含口头表扬)、奖励的记录、心得体会等)(见附件2)。

附件1:达县石桥中学高_级任课教师诚信档案内装

(1)达县石桥中高中新课程管理诚信制度;

(2)任课教师或指导教师高中新课程管理诚信承诺书(见后);

(3)教师基本信息表。

教师基本信息表

教师姓名		性　别		照片
出生年月		民　族		
学　历		职　称		
任课年级		所教学科		
家庭住址			联系电话	
近三年来从教的基本信息(描述备课、课堂管理、作业批改、参加过赛课或征文活动及获奖情况,获得的表彰或奖励、受到过何种处分)				

注:

(1)照片必须是近期的二寸免冠照片

(2)基本信息栏填写教学经历

第二部分 三个阶段

附件2：学生成长记录袋材料目录

（1）相关表册（按照顺序）

表一、《达县石桥中学高中各科模块修习过程性管理登记表》

表二、《达县石桥中学高中各科模块修习过程性管理考核登记统计表》

表三、《达县石桥中学高级学生第（ ）学期模块修习学分认定表》

表四、《四川省普通高中学生综合素质阶段性评价报告单》（高一年级一学期）

（2）学期所获得的各类奖状复印件（包括校内外的各类学科竞赛、艺体竞赛、好人好事、精神文明奖等）；

（3）每学期学生每科模块测试试卷；

（4）每学期必须完成四个一：一篇习作（周记、日记、读书笔记、心得体会等），各科一份优秀作业（最好有科任教师的评语），每学期自制一件作品（平时较好的美术作业、剪纸、写生作品、摄影作品、通用技术等），每学期写一篇能表现自己成长进步的小结、经验文章（内容涉及自己平时所受到的表扬（含口头表扬）、奖励的记录、心得体会等）；

（5）学生基本信息表。

学生基本信息表

姓名		性别		
班级		学籍号		
家长姓名		联系电话		
家庭住址				
个性、特长、兴趣、爱好				
个人简历				
自我评价				
家长寄语				
班主任寄语				